재테크 실전 노하우

9인의 전문가가 전하는 인생 2막 돈 버는 법

재테크
실전 노하우

김영기　이광원
송영갑　오승택
전현주　김은영
이신화　추창엽
이성원

당장 실행가능한 재테크에는 어떤 것들이 있을까?
자고 나면 돈이 들어오는 진짜 재테크 노하우!

BRAIN PLATFORM

서 문

《재테크 실전 노하우》는 KCA집단지성 성공책쓰기 52번째 출간을 기념하는 뜻깊은 책이다. 2016년부터 2025년까지 9년간 50권의 책을 출간한 KCA집단지성은 이제 새로운 50권을 향한 첫걸음을 내디디며 향후 100권 출간이라는 대기록에 도전하고 있다. 이 책은 그 출발선상에 있는 상징적인 작품이다. 지금까지 브레인플랫폼(주) KCA집단지성 1,000여 명의 저자들이 이 여정을 함께하고 있다.

프랜시스 베이컨은 "독서는 완성된 사람을 만들고, 연설은 준비된 사람을, 글쓰기는 정확한 사람을 만든다"고 말했다. 이는 보다 완성된 삶을 원한다면 독서가 필요하고, 보다 정확한 삶을 원한다면 글쓰기가 필요하다는 뜻이다.

경제적 자유는 자본주의 사회를 살아가고 있는 사람이라면 누구나 갈망하는 가장 큰 욕구 중의 하나일 것이다. 인공지능 사회로 급변하는 상황에서 재테크의 방법도 변화할 수밖에 없다. 다양한 경험을 가진 저자들이 실전 노하우를 모아낸 이 책은 모든 독자들의 재테크 여정에 의미 있는 이정표가 될 것이다.

이 책의 주요 내용은 다음과 같다.

1장에서는 미국 캐롤라인대학교 경영학과 교수로 프롭테크와 메타버스NFT를 강의하고 있는 김영기 박사(부동산학, 경영학)가 '연금형 재테크와 전자책 출판으로 추가연금 만들기'를 주제로 전자책 출간을 통한 추가연금 만드는 방법을 제안하였다.

2장에서는 신안산대학교 부동산학과에서 학과장으로 재직 중인 이광원 박사(부동산학, 공학)가 '부동산 재테크, 지금 시작해도 늦지 않다'를 주제로 부동산 재테크 전략을 제시하였다.

3장에서는 부동산 현장 전문가인 송영갑 박사(부동산학)가 '꼭 사고팔아야 재테크인가'를 주제로 현장실무 시각에서 보는 전세사기 방지 방법 등을 기술하였다.

4장에서는 강남대학교 시니어비즈니스학과 겸임교수인 오승택 박사(경영학)가 '50대 중반, 청약저축을 해약하고 경매를 선택하다'를 주제로 부동산 경매 실무방법론을 제시하였다.

5장에서는 심리상담전문가인 전현주 박사(교육학)가 '부자 인생을 위한 의식과 성공 노하우'를 주제로 재테크에 꼭 필요한 부자 마인드 함양에 대한 방법론을 기술하였다.

6장에서는 성공한 여성기업가이자, 대한민국 굿즈 산업의 리더인 김은영 박사(경영학)가 '잘 나가는 대표는 왜 부동산을 공부할까'를 주제로 기업가에게 왜 부동산 재테크가 필요한지 제시하였다.

7장에서는 건국대학교 교수인 이신화 박사(경영학)가 '2026년 프리미엄 시니어 재테크 트렌드'를 주제로 2026년도 시니어들이 반드시 알아야 할 재테크 트렌드를 전망하였다.

8장에서는 평생 공무원 조직에 몸담았던 추창엽 박사(상담학)가 '월급쟁이도 부자가 될 수 있다'를 주제로 월급쟁이를 하면서도 얼마든지 재테크로 부자가 될 수 있다는 본인의 경험담을 제시하였다.

9장에서는 로스쿨 현직 교수인 이성원 변호사가 '유치권 경매의 매력과 핵심 포인트'를 주제로 매력적인 재테크 대상인 유치권 경매에 대한 방법론을 기술하였다.

현대와 같은 AI 융합 시대에 진정한 부자가 되어 경제적 자유를 누리기 위해서는 깊이 있는 고민과 함께 철저한 준비, 그리고 실천이 필요하다.

다양한 분야의 재테크 전략은 우리의 미래를 더욱 여유롭고 풍요롭게 만들어 줄 핵심 수단이다. 이에 9명의 실무 경험자들이 모여 2025년도 여름, 열정적으로 연구하고 집필에 참여했다. 이 책이 새로운 재테크 연구의 출발점이 되길 바라며, 앞으로도 후속 연구자들에 의해 지속적으로 확장 및 발전해 나가기를 기대한다.

2025. 7. 7.
대표저자 김영기 외 8인 dream

서문　004

1장 김영기

연금형 재테크와 전자책 출판으로 추가연금 만들기

1. 연금 재테크가 최고다　　　　　　　　　　　　　　014
2. 국민연금 재테크　　　　　　　　　　　　　　　　016
3. 퇴직연금 재테크　　　　　　　　　　　　　　　　021
4. 주택연금 재테크　　　　　　　　　　　　　　　　024
5. 개인연금 재테크　　　　　　　　　　　　　　　　029
6. 부동산 연금형 재테크　　　　　　　　　　　　　　032
7. 전자책(eBook) 출판으로 연금 만들기　　　　　　　036

2장 이광원

부동산 재테크, 지금 시작해도 늦지 않다

1. 들어가며　　　　　　　　　　　　　　　　　　　048
2. 부동산 재테크는 누구나 할 수 있다　　　　　　　　048
3. 재테크 철학, 눈앞의 돈보다 흐름을 봐라　　　　　　050
4. 부동산 재테크 자가진단 체크리스트　　　　　　　　053
5. 실전 전략 (1): 사회초년생의 첫 부동산 투자　　　　057
6. 실전 전략 (2): 실속 있는 자산 증식법　　　　　　　061

7. 실전 전략 (3) : 시장의 흐름을 읽는 눈   064
8. 부동산 정보 수집 및 분석 노하우   068
9. 부동산은 결국 사람 공부다   069

3장 송영갑
꼭 사고팔아야 재테크인가?

1. 들어가며   076
2. 전세사기의 유형과 피해 현황   078
3. 전세사기를 예방하는 기본 법칙   084
4. 전세사기 피해 발생 시 대처법   091
5. 전세사기 관련 최신 법률 및 제도   093
6. 예방이 최고의 재테크다   094

4장 오승택
50대 중반, 청약저축을 해약하고 경매를 선택하다

1. 청약저축을 해약하다   100
2. 무역학과에서 광고회사 직원이 되다   100
3. 유튜브 광고를 보고 경매 강의료를 지불하다   102
4. 오프라인 경매 공부를 시작하다   103
5. 경매 공부를 하면서 얻은 것   104
6. 2013년 첫 경매에 도전하고 낙찰을 받다   105
7. 권리 분석은 내가 아는 지역부터 하라   106
8. 낯선 경매장과 입찰 진행   107
9. 권리 분석 후 입찰가 결정의 프로세스   108
10. 입찰가격 결정의 노하우   109
11. 낙찰자 호명의 순간   109

5장 전현주

부자 인생을 위한 의식과 성공 노하우

1. 부자는 성장하는 과정이다   114
2. 부자로서의 초석   134

6장 김은영

잘 나가는 대표는 왜 부동산을 공부할까?

1. 사업가의 현실과 부동산의 의미   144
2. 대한민국 부동산, 정말 정점일까?   148
3. 그렇다면 어디에 투자해야 할까?   156
4. 사업가에게 부동산은 생존의 전초기지   161

7장 이신화

2026년 프리미엄 시니어 재테크 트렌드

1. 시니어 인구구조 변화와 재테크 환경   168
2. 시니어를 위한 프리미엄 자산 관리 전략   170
3. '지속 가능한' 수익률의 이해와 전략   173
4. 절세 및 은퇴 설계: 실전 솔루션   177
5. 시니어 전용 금융 혁신과 상품   180
6. 부동산·세컨드하우스와 전원라이프   182
7. 삶의 질을 위한 복합 재테크   184
8. 실천 가이드: 셀프 체크리스트   187

9. 결론: 균형과 지속성의 시대, 프리미엄 시니어 재테크   188

8장 추창엽

월급쟁이도 부자가 될 수 있다

1. 마음의 부자가 진정한 부자이다   196
2. 서울 하늘 아래, 집주인이 되다   199
3. 두 번째 집을 구입하다   201
4. 새로운 삶에 도전(정년퇴직 후)   203
5. 꿈이 현실로   205
6. 국가와 사회가 나를 인정해 주었다   206
7. 언론에서도 나를 홍보해 주었다   210
8. 나눔과 섬김의 실천자가 부자가 될 수 있다   211

9장 이성원

유치권 경매의 매력과 핵심 포인트

1. 들어가며   220
2. 유치권의 이해   220
3. 유치권의 성립요건   221
4. 경매절차에서의 유치권   224
5. 유치권의 부존재 다투기   226
6. 허위유치권자에 대한 형사처벌   235
7. 맺음말   239

1장 김영기

연금형 재테크와 전자책 출판으로 추가연금 만들기

I. 연금 재테크가 최고다

재테크 방법으로는 보통 부동산, 주식, 예금 등이 많이 활용됩니다. 특히 한국에서는 부동산 투자가 활발히 이루어졌는데, 한국인의 자산 가운데 부동산이 70% 이상을 차지할 정도입니다. 그런데 저출산과 초고령화, 그리고 100세 시대를 맞이한 지금, 재테크의 패러다임이 바뀌고 있습니다. 이러한 변화 속에서 가장 안전하고 장기적인 재테크 방법으로 떠오르고 있는 것이 바로 '연금 재테크'입니다. 자고 나면 돈이 들어오는 연금 재테크의 경험담을 통해 실전 노하우를 소개하고자 합니다.

일반적으로 4종 연금이라고 하면 국민연금, 퇴직연금, 개인연금, 그리고 주택연금을 의미합니다. 물론 여기에 건물주가 되어 월세를 받는다든지 주택 임대사업을 하는 것도 월세를 받는 연금과 비슷한 효과를 내지만, 여기서는 4종 연금을 중심으로 살펴보고자 합니다. 그 외에 부동산 자산을 활용한 연금 만들기 등 새로운 연금형 재테크 방식을 소개하고, 필자만의 새로운 제안으로 전자책(eBook) 출판을 통해 새로운 연금을 만드는 방법도 소개하고자 합니다.

먼저 필자의 재테크 경험담을 간략하게 소개한 뒤 연금 종류별로 하나씩 자세히 살펴보겠습니다.

필자는 20~30대 시절, 주식을 통한 재테크를 주로 하였는데, 일반인들과 같이 소액으로 가볍게 시작했다가 신문 증권용 정보를 보고 집중투자하였다가 크게 실패한 경험으로 인해 주식은 쳐다도 보지 않고 있습니다. 우리나라 주식시장의 경우, 공모주 외에는 알짜 정보를 많이 가지고 있는 외국인 투자자나 기관 투자자들이 투자에 있어 유리한 상황에 있기에 개인 투자자나 소액 투자자들은 불리한 여건에 놓여있습니다. 앞으로는 정부 차원에서 개인 투자자들이 배당을 제대로 받고, 세액공제 혜택도 많이 받을 수 있도록 주식시장을 개선해 나가야 합니다. 그래야만 선진국처럼 주식시장을 통한 기업의 성장과 개인 투자 활성화가 이루어질 수 있을 것입니다.

40~50대 시절에는 주로 부동산 재테크를 많이 했습니다. 분양권 재테크로 1년에 5,000만 원 내외의 수익을 올렸고, 중앙일보 부동산면 한 페이지 전체에 〈직장인 재테크 성공기〉라는 필자의 기사가 보도될 정도로 부동산을 통해 재테크를 무난하게 했던 것 같습니다. 1990년대부터 2010년대까지는 부동산 시장이 활황이었던 시기로, 많은 사람들이 부동산을 통해 부를 축적할 수 있었습니다.

60대가 되면서 저는 연금형 재테크나 플랫폼사업에 관심을 가지기 시작했습니다. 우리나라가 저출산 초고령사회로 접어들면서 부동산 재테크에 어려움이 따르고 설상가상으로 부동산 자산 가치 하락 때문에 오히려 손해를 볼 수도 있다는 현실 속에서 개인이 선택할 수 있는 재테크는 한계에 다다를 수 있다는 것을 인식하기 시작했습니다.

이러한 시대적 변화 속에서 재테크를 할 수 있는 방법은 연금형 재테크와 플랫폼사업이라는 것을 인식하고 국민연금을 조금이라도 더 받을 수 있도록 고민을 하고 연구를 하였으며, 책쓰기와 출판사를 통해 종이책 출판으로 연금형 재테크를 개척하였고, 앞으로는 전자책(eBook)으로 연금 만들기에 집중하려고 계획하고 있습니다. 아울러 소유하고 있는 집을 통해 주택연금을 받는 방법 등 연금형 재테크와 플랫폼사업을 통해 꾸준히 돈이 들어오는 비즈니스를 계속 연구하고 실행하려고 합니다.

2. 국민연금 재테크

국민연금은 국가가 국민복지를 위해 실행하는 가장 큰 규모의 강제적인 복지사업으로 18세 이상 60세 미만 국민이면 누구나 의무적으로 가입하게 되어있습니다. 국민연금은 다른 재테크 수단에 비해 수익률이 높은 연금 제도로, 대부분 국민연금을 대수롭지 않게 생각할 수 있지만, 현명하게 활용하면 연금 수급액을 늘릴 수 있습니다. 건강보험과의 관계, 조기연금이 유리한지 연기연금이 유리한지 등 개인이 처한 상황을 고려하여 국민연금도 재테크 차원에서 꼼꼼히 살펴볼 필요가 있다고 생각합니다.

(1) 국민연금 제도

국민연금 제도는 대한민국에서 국민의 생활 안정과 복지 증진을 위해 도입된 사회보험 제도입니다. 주요 내용은 다음과 같습니다.

1) 노령연금

일정 기간 동안 보험료를 납부한 후, 일정 연령에 도달하면 매월 연금을 지급받는 제도입니다. 노령연금은 근로소득 상실을 보전하기 위한 것입니다.

2) 유족연금

가입자가 사망할 경우, 유족에게 지급되는 연금입니다. 주로 배우자와 자녀가 수급 대상이 됩니다.

3) 장애연금

가입 중 질병이나 사고로 인해 장애가 발생한 경우, 장애 정도에 따라 지급되는 연금입니다.

4) 기초연금

소득과 재산이 적은 65세 이상 노인에게 매달 일정액의 연금을 지급하는 제도입니다. 기초연금은 국민연금과 별도로 운영되며, 노후 소득 보장을 위해 도입되었습니다.

국민연금은 1988년 도입된 이후, 농어촌 지역과 도시 지역 주민에게까지 적용 범위를 확대하여 전 국민을 대상으로 하는 연금으로 발전했습니다. 현재 국민연금공단에서 관리·운영하며, 다양한 민원 서비스와 기금 운용 정보를 제공하고 있습니다.

(2) 국민연금을 활용한 재테크 방법

국민연금은 노후소득을 보장하기 위한 중요한 수단으로, 이를 잘 활용하면 더 많은 혜택을 받을 수 있습니다.

1) 연기연금 신청
국민연금의 수급 시기를 최대 5년까지 연기할 수 있습니다. 연기할 경우, 연기한 기간 동안 연금액이 매년 7.2%씩 증가합니다. 예를 들어, 월 100만 원의 연금을 5년 연기하면 36%가 증가하여 136만 원을 받을 수 있습니다.

2) 추납 제도 활용
과거에 납부하지 못한 연금을 추가로 납부하는 제도입니다. 이를 통해 연금 수령액을 늘릴 수 있습니다.

3) 반납 제도 활용
과거에 반환받은 연금을 다시 납부하는 제도입니다. 이를 통해 연금 가입 기간을 늘리고, 연금 수령액을 늘릴 수 있습니다.

4) 소득에 따른 연금 감액 주의
연금 수급 시점에 소득이 많으면 연금 수령액이 감액될 수 있습니다. 따라서 연금 수급 시점의 소득을 잘 관리하는 것이 중요합니다.

5) 건강보험료 고려

연금 수령액이 증가하면 건강보험료도 증가할 수 있습니다. 따라서 연금 수령액 증가와 건강보험료 증가를 비교하여 신중하게 결정하는 것이 좋습니다.

이외에도 개인의 상황에 따라 다양한 전략을 세울 수 있습니다. 국민연금에 관한 현실적인 내용을 다룬 아래 연합뉴스 기사를 참고하시기 바랍니다.

피부양자 자격을 잃고 지역가입자로 전환돼 매달 수십만 원의 건보료를 새로 부담해야 하는 사례가 늘고 있어 은퇴 준비에 적신호가 켜졌다.

17일 국민연금연구원의 '건강보험과 연금소득 과세가 국민연금에 미치는 영향' 보고서에 따르면 기존에 자녀의 직장 건강보험에 피부양자로 등록됐던 연금 수급자들이 대거 지역가입자로 전환될 가능성이 제기됐다.

건보료 부과체계 2단계 개편으로 피부양자 자격 유지 소득 기준이 연 3천400만원에서 2천만원으로 강화됐기 때문이다.

보고서는 이 때문에 60세 이상자가 있는 피부양 가구의 7.2%, 약 24만9천 가구가 지역가입자로 전환될 것으로 추산했다. 이들이 추가로 부담해야 할 건보료는 연평균 264만원, 월평균 약 22만원에 달한다. 갑작스러운 건보료 부담은 노후 생활에 큰 변수가 될 수밖에 없다.

문제는 여기서 그치지 않는다. 같은 금액의 연금을 받더라도, 연금의 종류에 따라 건보료 부담이 달라지는 '형평성의 덫'이 존재한다.

현행 건보료는 국민연금 등 공적연금 소득에는 부과되지만, 기초연금이나 퇴직·개인연금 등 사적연금 소득에는 부과되지 않는다.

예컨대 월 200만원의 연금소득이 전액 국민연금인 A씨는 200만원 전체가 건보료 부과 대상 소득으로 잡히지만(소득의 50% 반영), 국민연금 100만원과 퇴직연금 100만원을 받는 B씨는 국민연금 100만원에 대해서만 건보료를 내게 된다. 총소득은 같지만 국민연금에만 의존하는 수급자가 건보료를 더 많이 내는 불합리한 구조다.

세금 문제도 비슷하다.

기초연금은 전액 비과세 대상이라 세금 부담이 없지만, 국민연금 노령연금은 과세 대상이다. 이로 말미암아 국민연금과 기초연금을 함께 받는 수급자가 전액 국민연금만 받는 수급자에 비해 실질 가처분소득이 더 높은 현상이 발생한다.

이런 부담은 연금 수급을 앞둔 이들의 행동에도 영향을 미치는 것으로 나타났다.

보고서는 건강보험료 부담을 피하기 위해 상대적으로 연금액이 많은 수급 예정자가 정상적인 노령연금 대신 감액을 감수하고 '조기노령연금'을 선택하는 경향이 나타날 수 있음을 시사했다. 당장의 건보료 부담을 줄이기 위해 장기적으로는 손해인 선택을 할 수 있다는 의미다.

조기노령연금은 법정 노령연금 수령 시기를 1~5년 앞당겨서 받는 제도다.

1년 일찍 받을 때마다 연 6%씩(월 0.5%씩) 연금액이 깎여 5년 당겨 받으면 최대 30% 감액된 연금액을 평생 받는다. 즉 5년 일찍 받으면 원래 받을 연금의 70%를 받고, 4년 당기면 76%, 3년 당기면 82%, 2년 당기면 88%, 1년 당기면 94%를 받는다.

> 이처럼 국민연금을 일찍 받으면 그만큼 수령액이 깎여 손해를 보기에 '손해 연금'이라고 불린다.
> 따라서 국민연금의 실질적인 보장성을 논할 때 액면 연금액뿐 아니라 건강보험료와 세금을 제외한 '순연금소득' 관점에서 접근해야 한다고 전문가들은 강조한다.
> 보고서는 정책 제언을 통해 ▲ 건강보험료 부과 시 국민연금 소득에서 기초연금액만큼을 공제하고 ▲ 주택연금도 주택금융부채 공제에 포함하며 ▲ 수급 예정자들에게 이런 세금·보험료 정보를 상세히 안내해야 한다고 밝혔다.

3. 퇴직연금 재테크

(1) 퇴직연금 제도

퇴직연금 제도는 근로자의 노후소득을 보장하기 위해 도입된 제도입니다. 퇴직연금은 퇴직금을 미리 적립하여 금융기관에서 운용하고, 퇴직 시점에 연금 또는 일시금으로 지급하는 방식입니다. 주요 유형은 다음과 같습니다.

1) 확정급여형(DB형)

회사가 매년 퇴직금을 금융기관에 적립하고, 근로자가 퇴직할 때 정해진 금액을 지급받는 방식입니다. 금융기관의 운용 결과와 관계없이 근로자는 정해진 금액을 받게 됩니다.

2) 확정기여형(DC형)

회사가 근로자의 연간 임금의 일정 비율을 퇴직연금 계좌에 적립하고, 근로자가 직접 운용하는 방식입니다. 운용 결과에 따라 수익 또는 손실이 발생할 수 있으며, 이는 근로자에게 귀속됩니다.

3) 개인형 퇴직연금(IRP)

근로자가 퇴직 후에도 계속해서 운용할 수 있는 방식입니다. 자영업자 및 1년 미만 근로자도 가입할 수 있으며, 세액공제 혜택도 받을 수 있습니다.

퇴직연금은 근로자의 노후를 안정적으로 준비할 수 있는 좋은 방법입니다. 각 유형의 장단점을 잘 비교하여 본인에게 맞는 방식을 선택하는 것이 중요합니다.

(2) 퇴직연금 재테크

퇴직연금은 노후를 대비하는 중요한 자산이므로, 이를 다양하게 운용하면 더 많은 혜택을 받을 수 있습니다. 주요 전략은 다음과 같습니다.

1) 다양한 투자 상품 활용

퇴직연금 계좌에서는 정기예금, 주식형 펀드, 채권형 펀드, ETF 등 다양한 금융 상품에 투자할 수 있습니다. 이처럼 서로 다른 위험 수준과 수익률을 가진 상품에 분산 투자하면 안정적인 수익을 기대할 수 있습니다.

2) 자산 배분 및 리밸런싱

초기 포트폴리오 구성 후에도 시장 상황에 따라 자산 비율을 재조정하는 것이 중요합니다. 일반적으로 1년에 한 번 포트폴리오를 점검하고 자산 비율을 재조정하는 것이 좋습니다.

3) 디폴트 옵션 활용

퇴직연금을 방치하는 경우를 대비해 디폴트 옵션을 설정해 둘 수 있습니다. 디폴트 옵션은 투자자가 별도로 지시하지 않아도 사전에 정한 운용 방식으로 퇴직연금을 자동으로 굴려주는 제도입니다.

4) 장기적인 관점에서 투자

퇴직연금은 10년 이상을 바라보며 장기적으로 관리해야 하는 자산입니다. 단기적인 수익 변동에 휘둘리기보다는 장기적인 성과에 초점을 맞춰 안정적으로 운용해야 합니다.

5) 세액공제 활용

개인형 퇴직연금(IRP)에 납입하면 연간 최대 700만 원까지 세액공제 혜택을 받을 수 있습니다. 이를 잘 활용하면 연말정산에서 상당한 절세 효과를 얻을 수 있습니다.

6) 연금소득세 절세

IRP에서 연금 수령 시 연금소득세가 부과되는데, 일반 소득세보다 낮은 세율이 적용됩니다. 연금 수령 연차에 따라 세율이 달라지므로 수령 시기에 맞추어 금액을 조정하는 전략이 필요합니다.

위와 같이 퇴직연금을 다양하게 효과적으로 운용하면 노후 대비는 물론, 절세효과를 극대화할 수 있습니다.

4. 주택연금 재테크

(1) 주택연금 제도

주택연금 제도는 주택을 소유한 고령자가 주택을 담보로 제공하고, 그 주택에 계속 거주하면서 매월 연금을 받을 수 있도록 하는 제도입니다. 주요 내용은 다음과 같습니다.

1) 가입 요건

부부 중 한 명이 55세 이상이고, 공시가격 12억 원 이하의 주택을 소유한 대한민국 국민이라면 가입할 수 있습니다.

2) 지급 방식

① 종신지급방식: 평생 동안 매월 일정 금액을 지급받는 방식입니다.

② 종신혼합방식: 일부 금액을 일시금으로 받고, 나머지는 평생 동안 매월 지급받는 방식입니다.

③ 확정기간혼합방식: 일정 기간 동안만 매월 지급받는 방식입니다.

3) 장점

주택을 팔지 않고도 연금을 받을 수 있어 안정적인 노후 생활이 가능합니다. 주택 가격이 하락하더라도 연금액은 변동되지 않습니다. 연금 수령 중 가입자가 사망해도 배우자가 계속 연금을 받을 수 있습니다.

4) 단점

가입 시 주택 가격의 1.5%에 해당하는 보증료를 납부해야 합니다. 주택 가격이 상승해도 연금액은 변동되지 않습니다. 상속 갈등이 발생할 수 있습니다.

주택연금은 노후 생활을 안정적으로 준비할 수 있는 좋은 방법입니다.

(2) 주택연금을 활용한 재테크 방법

주택을 담보로 제공하고, 그 주택에 계속 거주하면서 매월 연금을 받을 수 있는 주택연금 제도를 잘 활용하면 노후 생활을 보다 안정적으로 유지할 수 있습니다. 주요 전략은 다음과 같습니다.

1) 종신지급방식 선택

주택연금의 지급 방식 중 종신지급방식을 선택하면 평생 동안 매월 일정 금액을 받을 수 있습니다. 이는 안정적인 생활비를 확보하는 데 도움이 됩니다.

2) 혼합형 지급 방식 활용

일부 금액을 일시금으로 받고, 나머지는 매월 지급받는 혼합형 지급 방식을 선택하면 초기 큰 비용이 필요한 경우 유용합니다.

3) 주택연금 수령액 계산기 활용

한국주택금융공사(HF)의 주택연금 월지급액 모의계산기를 사용하여 예상 수령액을 미리 계산해 보세요. 이를 통해 재테크 계획을 세울 수 있습니다.

4) 세금 혜택

주택연금을 통해 재산세 감면 혜택을 받을 수 있습니다. 재산세의 25%에서 최대 100%까지 감면될 수 있으므로, 이를 잘 활용하면 절세효과를 얻을 수 있습니다.

5) 상속 계획 고려

주택연금은 사망 후에도 주택을 처분하여 잔여재산을 상속할 수 있습니다. 자녀가 원할 경우, 공사에 대출 상환 후 주택을 인수할 수도 있습니다.

6) 장기적인 관점에서 투자

주택연금은 장기적인 노후자금 확보 수단이므로, 단기적인 변동에 휘둘리지 않고 안정적으로 운용하는 것이 중요합니다.

주택연금을 잘 활용하면 노후 생활을 안정적으로 준비할 수 있습니다.

다음의 동아일보 기사를 통해 주택연금 재테크의 중요성을 쉽게 이해할 수 있습니다.

[동아일보] 주택연금 드는 영올드 "자녀 상속보다 노후 안정"
(2025-06-17, 전주영 기자, aimhigh@donga.com)

"빠듯한 노후, 여유있는 생활 원해"
자녀들도 찬성… 부양부담 덜어
민간 주택연금 시장도 활성화

"주택연금을 '최후의 수단'으로 생각했기 때문에 가입을 고려하지 않고 여태껏 버텨왔었다. 하지만 손주를 낳은 자녀들에게 용돈까지 기대하는 게 미안했고 지출의 압박감도 점점 커졌다. 집 한 채 물려주기보단 여유 있는 생활을 하자는 생각으로 가입을 결정했다."(이달 주택연금에 가입한 장모 씨·66)
한국주택금융공사가 운영하는 주택연금의 3, 4월 신규 가입자가 올해 초에 비해 2배 이상 늘어난 것으로 나타났다. 더 이상 자녀를 위한 재산 상속에 얽매이지 않고 자신의 삶에 집중하는 '영올드(Young Old·젊은 노인)'가 이 같은 주택연금 가입 증가세를 주도하고 있다는 분석이 제기된다.

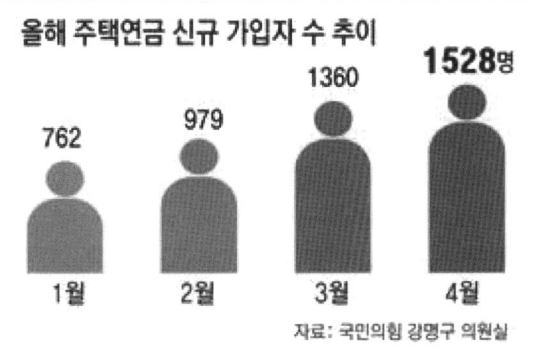

국민의힘 강명구 의원실에 따르면 주택연금 신규 가입자는 올해 1월 762명에서 2월 979명, 3월 1360명, 4월 1528명으로 불어났다. 4월 신규 가입자가 1월 가입자의 2배를 웃도는 것이다. 한국주택금융공사가 운영하고 있는 주택연금은 갖고 있는 집을 담보로 맡기고 평생 또는 일정 기간 동안 매달 연금 형태로 돈을 받는 제도로, 55세 이상이고 공시가격 12억 원 이하의 주택 보유자가 가입할 수 있다.

예전 노년층은 "집 한 채는 자식에게 물려줘야 한다"는 상속에 대한 부담 때문에 주택연금 가입을 꺼렸다. 실제로 주택연금이 도입된 첫해인 2007년 가입자는 515명에 불과했으며 2016년에 이르러서야 신규 가입자가 처음으로 1만 명을 넘었다. 가입 시점에 주택 가격이 높을수록 주택연금 월 지급금이 많기 때문에 "주택 가격이 고점을 찍었다"는 평가가 나오던 2022년, 신규 가입자가 크게 증가해 처음으로 1만4000명을 넘겼다. 그 후 가입자는 꾸준히 증가 추세다.

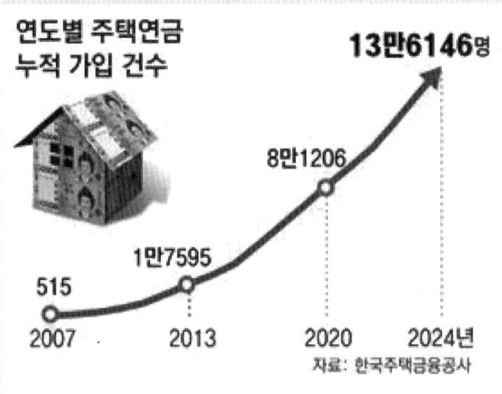

그 배경에는 노인들의 달라진 인식이 자리한다는 설명이다. 3년 전에 은퇴해 부산에 거주하는 장 씨는 이달 약 2억5000만 원 가격의 주택을 담보로 주택연금에 가입해 매달 60만 원씩 받기로 결정했다. 장 씨는 "국민연금, 노령기초연금, 보험회사에 든 연금이 있지만 취미생활, 결혼 부조금, 약값 등 때문에 항상 수입보다 지출이 많아졌다"고 설명했다. 이어 "자녀들도 '우리는 어떻게든 잘 살 테니 부모님이 노후 걱정 없이 잘 살길 바란다'며 주택연금 가입에 오히려 찬성했다"고 덧붙였다.

> 통상 주택 가격 상승기에는 "내 집 가격이 더 오를 것"이라는 기대감으로 주택연금 신규 가입자가 주는 편이다. 그러나 주택 가격 상승 기대감이 큰 가운데서도 이례적으로 올해 1월 이후 주택연금 가입자 수는 꾸준히 증가하고 있다. 주금공 관계자는 "자산이 부동산 집 한 채에 쏠려있어 현금이 없는 노인 빈곤 문제가 대두되며 주택연금 가입 필요성이 많이 조명됐다"며 "무엇보다 집을 지키고 물려줘야 할 것으로 여기던 노년층의 인식이 많이 바뀐 것 같다"라고 분석했다.
>
> 민간에서도 주택연금 시장을 노리고 있다. 하나은행은 공시가격 12억 원이 넘는 주택 보유자거나, 집을 여러 채 보유하고 있는 다주택자도 가입할 수 있는 주택연금 상품을 내놨다.
>
> 주택연금 상품은 앞으로 더 다양해질 것으로 보인다. 이재명 대통령은 "맞춤형 주택연금을 확대해 노후 소득을 안정시키고, 재산 관리가 어려운 어르신을 위한 공공신탁 제도를 도입하겠다"고 공약한 바 있다.

5. 개인연금 재테크

(1) 개인연금 제도

개인연금 제도는 개인이 노후를 대비하기 위해 자발적으로 가입하는 사적 연금 제도입니다. 주요 내용은 다음과 같습니다.

1) 개념

개인연금은 국민연금과 퇴직연금만으로 부족할 수 있는 노후자금을 보충하기 위해 사용됩니다. 개인이 금융기관에서 연금저축보험, 연금저축펀드, 개인형 퇴직연금(IRP) 등을 선택하여 가입할 수 있습니다.

2) 가입 대상

개인연금은 누구나 가입할 수 있으며, 자영업자, 프리랜서, 직장인 등 다양한 직업군이 가입할 수 있습니다.

3) 납입 금액

개인연금은 자유롭게 납입할 수 있으며, 매달 적립하는 금액을 본인이 설정할 수 있습니다. 연간 600만 원 한도까지 납입할 경우, 세액공제 혜택을 받을 수 있습니다. IRP의 경우, 연간 900만 원 한도까지 세액공제가 가능합니다.

4) 수령 시기

일반적으로 만 55세 이후부터 연금을 수령할 수 있습니다.

5) 세제 혜택

개인연금을 연금 형태로 수령할 경우, 연금소득세가 적용되며 3.3%~5.5%의 낮은 세율이 부과됩니다. 일시금으로 수령할 경우 이자소득세(15.4%)가 적용됩니다.

개인연금은 노후를 안정적으로 준비할 수 있는 좋은 방법입니다.

(2) 개인연금 재테크

개인연금은 노후를 대비하는 중요한 자산이므로, 이를 잘 운용하면 더 많은 혜택을 받을 수 있습니다. 주요 전략은 다음과 같습니다.

1) 5025 저축법

연금저축과 IRP를 활용하여 연간 최대 900만 원까지 세액공제 혜택을 받을 수 있습니다. 연금저축에 600만 원, IRP에 300만 원을 납입하면 절세효과를 극대화할 수 있습니다.

2) 다양한 투자 상품 활용

개인연금 계좌에는 정기예금, 주식형 펀드, 채권형 펀드, ETF 등 다양한 금융 상품에 투자할 수 있습니다. 각기 다른 위험 수준과 수익률을 가진 상품을 골라 포트폴리오를 분산하면 안정적인 수익을 기대할 수 있습니다.

3) 자산 배분 및 리밸런싱

초기 포트폴리오 구성 후에도 시장 상황에 따라 자산 비율을 재조정하는 것이 중요합니다. 일반적으로 1년에 한 번 포트폴리오를 점검하고 자산 비율을 재조정하는 것이 좋습니다.

4) 장기적인 관점에서 투자

개인연금은 장기적으로 관리해야 하는 자산입니다. 단기적인 수익 변동에 휘둘리기보다는 장기적인 성과에 초점을 맞춰 안정적으로 운용해야 합니다.

5) 세액공제 활용

개인연금에 납입하면 연간 최대 900만 원까지 세액공제 혜택을 받을 수 있습니다. 이를 잘 활용하면 연말정산에서 상당한 절세효과를 얻을 수 있습니다.

6) 연금소득세 절세

연금 수령 시 연금소득세가 부과되는데, 일반 소득세보다 낮은 세율이 적용됩니다. 연금 수령 연차에 따라 세율이 달라지므로 수령 시기에 맞추어 금액을 조정하는 전략이 필요합니다.

개인연금을 잘 운용하면 노후 대비와 절세효과를 극대화할 수 있습니다.

6. 부동산 연금형 재테크

(1) 부동산 재테크

부동산 재테크는 단순히 집을 사는 것을 넘어, 자산을 불리고 미래를 준비하는 전략적인 투자 방식입니다. 최근 한국에서는 다음과 같은 7가지 실전 전략이 주목받고 있습니다.

1) 위기를 기회로

경기 침체기나 미분양 아파트, 경매물건 등 저평가된 자산에 투자해 장기 보유로 수익을 노리는 방식입니다.

2) 개발 호재 선점

뉴타운 지정, 재개발 등 정책 변화 전에 투자해 시세차익을 얻는 전략입니다.

3) 입지의 힘 활용

강남, 청담동처럼 입지와 브랜드 가치가 높은 지역의 재건축 아파트에 투자해 임대 수익과 시세차익을 동시에 노리는 방식입니다.

4) 전국 분산 투자

서울뿐 아니라 지방 중소도시의 성장 가능성에 주목해 아파트, 상가, 토지 등 다양한 자산에 분산 투자하는 전략입니다.

5) 가족 법인 설립

법인을 통해 임대 수익과 매각 차익을 관리하고, 절세 및 자산 승계를 효율적으로 설계할 수 있습니다.

6) 미성년 자녀 증여

부동산 가치 상승 전에 증여하면 증여세 부담을 줄이고 자산 이전도 가능합니다.

7) 합법과 윤리의 균형

모든 전략은 법 테두리 안에서 이뤄져야 하며, 사회적 책임과 투자 윤리도 중요합니다.

부동산 재테크는 이 중에서 특히 관심 가는 전략을 찾는 것이 필요합니다. 또한 개인의 상황에 맞는 맞춤형 전략이 필요합니다. 예를 들어, 첫 집 마련을 위한 전략이나 임대 수익 중심의 포트폴리오 구성 같은 것들입니다.

(2) 부동산 연금형 재테크

부동산 연금형 재테크는 말 그대로 부동산을 통해 매달 일정한 수익을 얻어 마치 연금처럼 활용하는 투자 방식입니다. 특히 은퇴 이후 안정적인 현금 흐름을 원하는 분들에게 인기가 높습니다.

1) 핵심 개념

① 월세 수익 중심: 시세차익보다는 매달 들어오는 임대 수익(Cash Flow)에 초점을 맞출 수 있습니다.

② 투자 대상: 소형 오피스텔, 원룸, 도시형 생활주택, 상가 등이 대표적입니다.

③ 노후 대비 전략: 국민연금이나 퇴직연금 외에 제3의 연금 수단으로 활용됩니다.

2) 2025년 투자 트렌드

① 소형 부동산 인기: 1인 가구 증가로 소형 주택 수요가 높아졌습니다.

② AI 기반 임대 관리: 공실률 예측, 자동 임대료 조정 등으로 수익 안정화가 가능합니다.

③ ESG 연계 부동산: 친환경 건물이나 스마트빌딩은 장기 임대에 유리합니다.

3) 장점

① 매달 안정적인 수익 확보

② 물가 상승 대비 가능(임대료 인상 반영)

③ 자산 가치 상승 시 시세차익도 기대

4) 주의할 점

① 공실률 높은 지역은 피해야 합니다.

② 세금(취득세, 보유세, 종부세 등)과 관리 비용을 필수적으로 고려해야 합니다.

③ 임대 관리의 번거로움도 감안해야 합니다.

5) 성공 전략

① 역세권·대학가·산업단지 인근 등 수요가 꾸준한 입지 선택

② 수익률 시뮬레이션: 세후 수익률 3.5% 이상이면 안정적

③ 전문가 또는 플랫폼 활용: AI 기반 분석 도구나 컨설팅 업체 활용도 좋습니다.

7. 전자책(eBook) 출판으로 연금 만들기

필자의 경우 종이책을 60여 권 출판하여 연금 형식으로 꾸준히 돈이 들어오는 경험을 해보았습니다. 물론 인세만으로는 약하기에 책 판매대금까지도 수익화하는 출판사를 경영하면서 가능성을 확인하였던 것입니다. 이를 바탕으로 전자책 출판으로 연금 만들기에 도전해 보려고 합니다.

(1) 전자책 출판 및 유통

출처: 유페이퍼 홈페이지

현재 국내에서 전자책을 출판하는 플랫폼은 유페이퍼, 부크크, 크몽, 브레인플랫폼 등이 있습니다. 또한 전자책을 유통하는 곳은 10여 군데가 있는데, 대표적으로 교보문고, YES24, 알라딘, 밀리의 서재 등이 있습니다.

출처: 부크크 홈페이지

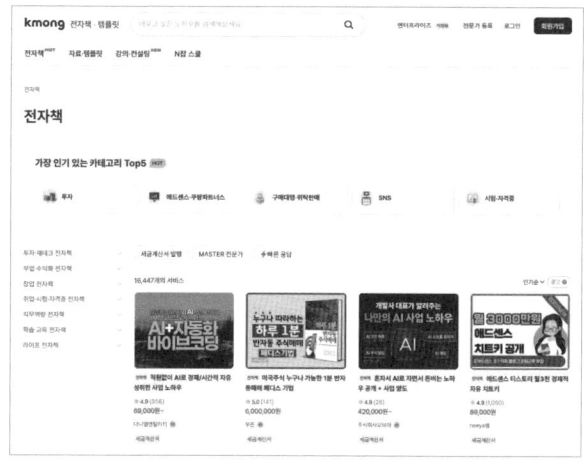

출처: 크몽 전자책 홈페이지

전자책 출판은 초기 비용이 거의 들지 않으면서도 지속적인 수익, 즉 '디지털 연금'을 만들 수 있는 훌륭한 방법입니다. 지식이나 경험을 가진 분이라도 누구나 도전할 수 있습니다.

(2) 전자책 출판으로 연금형 수익을 만드는 5단계 전략

1) 돈이 되는 주제 선정

① 자기계발, 재테크, 건강, 직장생활 노하우 등 수요가 꾸준한 분야가 좋습니다.

② 네이버 키워드 도구나 구글 트렌드로 검색량 높은 키워드를 분석해 보세요.

2) 전자책 제작

① 한글, Google Docs, Word로 원고 작성 → Canva나 미리캔버스, 챗GPT 등 인공지능을 활용하여 표지 디자인 → PDF 또는 ePub로 저장합니다.

② 완벽함보다 실행력이 중요합니다. 일단 써보는 게 시작입니다.

3) 플랫폼에 등록

① 국내: 유페이퍼, 부크크, 크몽, 쿠팡 페이퍼, 리디북스, 교보문고

② 해외: 아마존 Kindle(KDP)

③ 여러 플랫폼에 동시에 등록하면 수익 분산에 유리합니다.

4) 마케팅 전략

① 블로그, 인스타그램, 유튜브 등에서 콘텐츠 마케팅을 진행합니다.

② 무료 샘플 배포, 리뷰 유도, 검색 최적화(SEO)가 핵심입니다.

5) 수익 구조 만들기

① 한 번 출판한 책이 꾸준히 유통되면 패시브 인컴이 생깁니다.

② 여러 권을 시리즈로 출판하거나, 강의·컨설팅으로 확장도 가능합니다.

전자책은 한 번 출판해 두면 시간이 지나도 계속 수익을 주는 자산이 될 수 있습니다. 실제로 하루 만에 출판하고 수익을 내는 사례도 많습니다. 전자책 출판은 비용 부담이 적고 수익률이 높은 디지털 자산화 전략으로 각광받고 있습니다. 연금형 수익을 꿈꾸는 분들께 딱 맞습니다. 마지막으로 전자책 출판의 비용 구조와 수익 구조를 정리해 드리겠습니다.

전자책 출판 비용 구조

항목	비용 범위	설명
원고 작성	0원 (직접 작성 시)	외주 시 수십만 원 이상
표지 디자인	0원 ~ 10만 원	Canva 등 무료 툴 활용 가능
편집/교정	0원 ~ 20만 원	직접 가능, 외주 시 비용 발생
ISBN 등록	무료 ~ 1만 원	플랫폼에 따라 자동 등록 가능
출판 플랫폼 등록	무료	KDP, 리디북스, 유페이퍼 등 대부분 무료
마케팅 비용	0원 ~ 자유	블로그, SNS 활용 시 무료 가능

출처: Copilot AI

💰 **전자책 수익 구조**

플랫폼	수익률	특징
Amazon KDP	최대 70%	글로벌 판매 가능, 환율 영향 있음
크몽/탈잉	약 70~80%	실무형 콘텐츠에 강점
리디북스/교보문고	약 50~60%	대형 서점 유통, 신뢰도 높음
PDF 자가 판매	최대 100%	직접 결제 시스템 구축 필요

출처: Copilot AI

저자소개

김영기 KIM YOUNG GI

학력
- 영어영문학·사회복지학·교육학 학사 졸업
- 신문방송학 석사 졸업·고령친화산업학 석사 수료
- 경영학박사·부동산경영학 박사 졸업·사회복지상담학 박사 수료

경력
- 미국 캐롤라인대학교 경영학과 교수
- KCA한국컨설턴트사관학교 총괄교수
- KBS면접관 / kpc부설 '한국사회능력개발원' 면접관교육 총괄교수
- 정보통신산업진흥원 등 10여 개 기관 심사평가위원
- 중소기업중앙회 노란우산 경영지원단 전문위원
- 서울시·중앙대·남서울대·경남신보·전남신보·대구신보 전문강사
- 중앙대·경기대·세종대·강남대·한국산업기술대 강사 역임

자격
- 경영지도사·국제공인경영컨설턴트(ICMCI CMC)

- 사회적기업코칭컨설턴트·협동조합코칭컨설턴트
- 창직컨설턴트 1급·창업지도사 1급·브레인컨설턴트·국가공인브레인트레이너·HR전문면접관 (1급)자격증·ISO국제선임심사원(ISO9001, ISO14001, ISO27001)

저서

- 《부동산경매사전》, 일신출판사, 2009. (김형선 외 4인)
- 《부동산용어사전》, 일신출판사, 2009. (김형선 외 4인)
- 《부동산경영론연구》, 아이피알커뮤니케이션, 2010. (김영기)
- 《성공을 위한 리허설》, 행복에너지, 2012. (김영기 외 20인)
- 《억대 연봉 컨설턴트 프로젝트》, 시니어파트너즈, 2013. (김영기)
- 《경영지도사 로드맵》, 시니어파트너즈, 2014. (김영기)
- 《메타 인지 학습 : 브레인 컨설턴트》, e경영연구원, 2015. (김영기)
- 《메타 인지 학습 : 진짜 공부 혁명》, e경영연구원, 2015. (양영종 외 2인)
- 《창업과 경영의 이해》, 도서출판 범한, 2015. (김영기 외 1인)
- 《NEW 마케팅》, 도서출판 범한, 2015. (변명식 외 3인)
- 《브레인 경영》, 도서출판 범한, 2016. (김영기 외 7인)
- 《저작권 진단 및 사업화 컨설팅(서진씨엔에스, 쿠프, 아이스페이스)》, 충청북도지식산업진흥원, 2017. (김영기)
- 《저작권 진단 및 사업화 컨설팅(와바다다)》, 강릉과학산업진흥원, 2018. (김영기)
- 《공공기관 합격 로드맵》, 브레인플랫폼, 2019. (김영기 외 20인)
- 《브레인경영 비즈니스모델》, 렛츠북, 2019. (김영기 외 6인)
- 《저작권 진단 및 사업화 컨설팅(파도스튜디오)》, 강릉과학산업진흥원, 2019. (김영기)
- 《2020 소상공인 컨설팅》, 렛츠북, 2020. (김영기 외 9인)
- 《공공기관·대기업 면접의 정석》, 브레인플랫폼, 2020. (김영기 외 20인)
- 《인생 2막 멘토들》, 렛츠북, 2020. (김영기 외 17인)
- 《4차 산업혁명 시대 AI 블록체인과 브레인경영》, 브레인플랫폼, 2020. (김영기 외 21인)
- 《재취업전직지원서비스 효과적 모델》, 렛츠북, 2020. (김영기 외 20인)
- 《미래 유망 자격증》, 렛츠북, 2020. (김영기 외 19인)
- 《창업과 창직》, 브레인플랫폼, 2020. (김영기 외 17인)
- 《경영기술컨설팅의 미래》, 브레인플랫폼, 2020. (김영기 외 18인)

- 《공공기관 합격 노하우》, 브레인플랫폼, 2020. (김영기 외 20인)
- 《신중년 도전과 열정》, 브레인플랫폼, 2020. (김영기 외 18인)
- 《저작권 진단 및 사업화 컨설팅(더웨이브컴퍼니)》, 강릉과학산업진흥원, 2020. (김영기)
- 《4차 산업혁명 시대 및 포스트 코로나 시대 미래 비전》, 브레인플랫폼, 2020. (김영기 외 14인)
- 《소상공인&중소기업컨설팅》, 브레인플랫폼, 2020. (김영기 외 15인)
- 《미래 유망 기술과 경영》, 브레인플랫폼, 2021. (김영기 외 21인)
- 《공공기관 채용의 모든 것》, 브레인플랫폼, 2021. (김영기 외 20인)
- 《신중년, N잡러가 경쟁력이다》, 브레인플랫폼, 2021. (김영기 외 22인)
- 《안전기술과 미래경영》, 브레인플랫폼, 2021. (김영기 외 21인)
- 《퇴직전문인력 일자리 활성화를 위한 '경영지도 및 진단전문가' 모델 사례연구》, 한국연구재단, 2021. (김영기)
- 《창직형 창업》, 브레인플랫폼, 2021. (김영기 외 17인)
- 《신중년 도전과 열정 2021》, 브레인플랫폼, 2021. (김영기 외 17인)
- 《기업가정신과 창업가정신 그리고 창직가정신》, 브레인플랫폼, 2021. (김영기 외 12인)
- 《4차 산업혁명 시대 AI 블록체인과 브레인경영 2021》, 브레인플랫폼, 2021. (김영기 외 8인)
- 《ESG경영》, 브레인플랫폼, 2021. (김영기 외 23인)
- 《메타버스를 타다》, 브레인플랫폼, 2021. (강일모, 김영기 외 20인)
- 《N잡러 시대, N잡러 무작정 따라하기》, 브레인플랫폼, 2021. (김영기 외 15인)
- 《10년 후의 내 모습을 상상하라》, 브레인플랫폼, 2022. (김영기 외 10인)
- 《공공기관 채용과 면접의 기술》, 브레인플랫폼, 2022. (김영기 외 19인)
- 《N잡러 컨설턴트 교과서》, 브레인플랫폼, 2022. (김영기 외 25인)
- 《프롭테크와 메타버스NFT》, 브레인플랫폼, 2022. (김영기 외 11인)
- 《팔도강산 팔고사고》, 브레인플랫폼, 2022. (김용국, 김영기 외 6인)
- 《정부·지자체의 창업지원금 및 지원제도의 모든 것》, 브레인플랫폼, 2022. (김영기 외 10인)
- 《미래를 위한 도전과 열정》, 브레인플랫폼, 2022. (김영기 외 7인)
- 《AI 메타버스시대 ESG 경영전략》, 브레인플랫폼, 2022. (김영기 외 24인)
- 《퇴직전문인력 일자리 활성화를 위한 경영지도 및 진단전문가 모델 사례연구》, 유페이퍼, 2022. (김영기)

- 《창업경영컨설팅 현장사례》, 브레인플랫폼, 2022. (윤성준, 김영기 외 6인)
- 《채용과 면접 교과서》, 브레인플랫폼, 2023. (김영기 외 15인)
- 《100세 시대 평생교육 평생현역》, 브레인플랫폼, 2023. (김영기 외 20인)
- 《모빌리티 혁명》, 브레인플랫폼, 2023. (김영기, 이상헌 외 9인)
- 《평생현역 N잡러 도전기》, 브레인플랫폼, 2023. (김영기 외 15인)
- 《미래 유망 일자리 전망》, 브레인플랫폼, 2023. (김영기 외 19인)
- 《창업경영컨설팅 방법론 및 사례》, 브레인플랫폼, 2023. (김영기 외 13인)
- 《AI시대 ESG 경영전략》, 브레인플랫폼, 2023. (김영기 외 12인)
- 《평생현역을 위한 도전과 열정》, 브레인플랫폼, 2023. (김영기 외 9인)
- 《멘토들과 함께하는 인생 여정》, 브레인플랫폼, 2024. (김영기 외 8인)
- 《ESG경영 사례연구》, 브레인플랫폼, 2024. (김영기 외 13인)
- 《초고령사회 산업의 변화》, 브레인플랫폼, 2024. (김영기 외 8인)
- 《건강한 경제적 자유》, 브레인플랫폼, 2024. (김영기 외 6인)
- 《신중년 적합 교육 및 일자리 연구》, 브레인플랫폼, 2024. (김영기 외 8인)
- 《메가트렌드 ESG, DX, AI 연구》, 브레인플랫폼, 2024. (김영기 외 10인)
- 《인공지능 사회 안전기술과 안전경영》, 브레인플랫폼, 2025. (김영기 외 14인)
- 《재테크 실전 노하우》, 브레인플랫폼, 2025. (김영기 외 8인)

수상

- 문화관광부장관표창, 2012.
- 대한민국청소년문화대상, 2015.
- 대한민국교육문화대상, 2016.
- 대한민국신지식인(교육분야)인증, 2020.

2장 이광원

부동산 재테크, 지금 시작해도 늦지 않다

1. 들어가며

부동산 재테크는 특별한 사람들만의 전유물이 아닙니다. 사회초년생부터 직장인, 가정을 꾸린 일반인까지 누구나 시작할 수 있는 부동산 투자 전략을 담아보았습니다. 단기적 수익보다는 장기적 안목으로 부동산 시장의 흐름을 읽고, 자신의 상황에 맞는 맞춤형 투자 방법을 찾을 수 있습니다. 지금 시작해도 절대 늦지 않습니다.

2. 부동산 재테크는 누구나 할 수 있다

"부동산은 자본이 많아야 시작할 수 있다", "지금은 너무 늦었다"와 같은 오해들이 많습니다. 하지만 실상은 다릅니다. 부동산 재테크는 결코 특별한 사람들만의 전유물이 아닙니다. 적은 자본으로도, 지금 시작해도 충분히 가능합니다.

요즘은 '1인 투자자 시대'라고 불릴 만큼, 부동산 시장도 개인화·소액화되고 있습니다. 청년·사회초년생도 청약통장 하나에서 출발해 투자자로 성장하고, 부모의 도움 없이도 스스로 자산을 증식해 나가는 사례가 늘고 있습니다. 이는 단순히 운이 좋았기 때문이 아니라, 지속적인 공부와 실행의 결과입니다.

저는 대학과 여러 기관에서 부동산 관련 내용을 가르치며 많은 학생들과 직장인들이 성공적으로 부동산 투자를 시작하는 것을 지켜봤습니다. 월급 200만 원에 불과했던 한 수강생은 소액 경매로 시작해 현재 3채의 부동산을 보유하고 있으며, 사회초년생이었던 어느 수강생은 주말마다 입지 분석을 하며 시작한 투자로 내 집 마련을 이루었습니다. 이들의 공통점은 단 하나, 두려워하지 않고 '첫걸음'을 내디뎠다는 것입니다.

많은 사람들은 여전히 부동산 재테크를 '전문가만의 영역'으로 여깁니다. 그러나 현실은 그렇지 않습니다. 공인중개사 자격증이 없어도, 대출을 다 쓰지 않아도, 심지어 처음엔 전세 사는 입장에서도 시작할 수 있는 전략은 얼마든지 존재합니다. 우리가 필요한 건 완벽한 조건이 아니라, 지금 가진 조건에서 최선의 선택을 하는 지혜입니다.

부동산 재테크의 핵심은 '시작'입니다. 지금 당장 수천만 원이 없어도 괜찮습니다. 중요한 건 자신의 상황에 맞는 방법을 찾아 한 걸음씩 나아가는 것입니다. 그것이 청약이든, 경매든, 상가 투자이든, 일단 관련 서적을 읽고 강의를 들으면서 공부를 시작하면 됩니다.

여러분도 자신의 삶과 환경에 맞는 부동산 재테크의 길을 찾아 나갈 수 있습니다. 중요한 것은 '지금이라도 시작할 수 있다'는 믿음과 나를 위한 재테크를 잘할 수 있다는 자신감입니다.

부동산 투자를 공부하는 모습

3. 재테크 철학, 눈앞의 돈보다 흐름을 봐라

제가 오랫동안 수강생들에게 가장 강조해 온 것은 '흐름을 읽는 눈'입니다. 단순히 지금 가격이 올랐는지 내렸는지에 집중하지 말고, 그 지역, 그 부동산이 어디로 향하고 있는지를 보라는 것입니다. 부동산 시장은 생물과 같아서 단기적인 가격 변화보다도 사회·경제 전반의 흐름이 더 큰 영향을 미칩니다.

부동산 투자에서 중요한 것은 눈앞의 작은 이익이 아니라, 미래를 내다보는 관점과 사고입니다. 지역 발전 계획, 인구 이동, 산업 구조의 변화, 교통망 확장 등은 단기 차트에는 드러나지 않지만, 투자 성패를 좌우

하는 결정적 요소입니다.

이러한 안목은 하루아침에 생기지 않습니다. 시간을 들여 꾸준히 시장을 관찰하고, 공부하고, 기록하는 과정 속에서 서서히 길러지는 능력입니다. 저는 이 장에서 다음 세 가지를 통해 여러분의 '재테크 철학'을 다질 수 있도록 돕고자 합니다.

(1) 단기 수익의 유혹을 이겨내라

많은 초보 투자자들이 '이번 달 안에 수익이 날까?', '1년 안에 얼마가 오를까?'에만 집중합니다. 하지만 진정한 부동산 고수들은 5년, 10년 이상의 큰 그림을 봅니다. 단기 수익을 좇다 보면 가격만 보고 결정하게 되고, 이는 결국 고점에 물리는 실수로 이어질 수 있습니다.

2000년대 초반 수도권 외곽의 미개발지 투자는 시간이 오래 걸렸지만, 현재 수십 배의 차익을 남긴 사례가 많습니다. 반면 1~2년 시세차익만 보고 들어간 신도시 프리미엄 투자는 오히려 손해를 본 경우도 적지 않습니다.

(2) 돈이 아닌 흐름을 보는 안목

좋은 투자자는 돈이 흐르는 방향을 먼저 본 뒤 그 길목에 서는 사람입니다. 지금 가격이 싼지 비싼지는 나중 문제입니다. 중요한 것은 '왜 지금 이 지역에 사람들이 몰리는가?', '이 주변에 무엇이 생기고 없어지는가?' 입니다.

교통망이 확장되면 통근 수요가 늘고, 인구가 유입되면 생활 인프라가 따라오며, 산업단지가 들어서면 배후 수요가 생깁니다. 이 모든 것이 부동산의 '내재가치'를 키우는 흐름입니다. 숫자보다 변화의 조짐을 읽는 안목을 길러야 합니다.

단계	질문	구체적 점검 항목
1단계. 지역의 큰 그림 보기	이 지역은 향후 5~10년 내 어떤 변화가 예상되는가?	- 도시/군 기본계획 검토 - 지자체 개발 공약 및 공공기관 이전 계획 - 지역 산업 구조 변화
2단계. 인구 흐름 파악하기	이 지역의 인구는 유입되고 있는가? 빠져나가고 있는가?	- 최근 5년 인구 통계 추이 - 연령별 인구 구성 - 주변 도시 간 인구 이동 비교
3단계. 교통 및 인프라 개발 확인	교통망은 어떻게 바뀌고 있는가? 생활 인프라는 확장되고 있는가?	- 도로, 철도, 지하철 등 계획 확인 - 학교, 병원, 쇼핑몰 등 편의시설 변화 - 신설 역세권·교통호재 여부
4단계. 수요·공급 구조 분석	이 지역의 수요는 실제로 존재하는가? 공급은 과하지 않은가?	- 전세가율, 거래량, 공실률 - 신규 분양 물량 및 입주 물량 추이 - 실수요 vs 투자수요 비율 파악
5단계. 정책 흐름과 시장 심리 읽기	정부·지자체의 정책 기조는 어떤가? 대중의 심리는 어디로 향하고 있는가?	- 부동산 규제/완화 여부 - 대출 정책, 세금 변화 - 언론, 커뮤니티 분위기 분석

흐름을 보는 법: 5단계 체크리스트

(3) 인내심과 준비성

좋은 기회는 늘 준비된 자에게만 보입니다. 성급한 투자자일수록 '지금 아니면 안 될 것 같다'는 불안감에 시달립니다. 그러나 부동산 시장은 기다릴 줄 아는 사람에게 보상합니다.

입지 분석표, 투자 가능 리스트를 평소에 준비하고, 자금 계획과 대출 가능 한도를 미리 정리해 두고, 마음이 흔들릴 때 기준을 잃지 않도록 자기 철학을 다듬어야 합니다.

부동산 투자는 단거리 경주가 아니라 마라톤입니다. 시장은 빠르게 움직일지 몰라도, 우리는 그 안에서 차분하게 흐름을 타는 법을 배워야 합니다.

'돈을 따라가는 투자'는 늘 늦습니다. 그러나 '흐름을 읽는 투자'는 시간이 갈수록 유리해집니다. 이 글을 통해 여러분이 단기 수익의 함정에서 벗어나, 보다 장기적이고 전략적인 사고를 갖춘 진짜 투자자로 성장할 수 있기를 바랍니다.

4. 부동산 재테크 자가진단 체크리스트

많은 사람들이 부동산 재테크에 관심은 있지만, '나는 준비가 되었을까?'라는 질문 앞에서 주저하곤 합니다. 성공적인 투자자들은 자신의 상황을 냉정히 진단하고, 부족한 부분을 채워가며 실행합니다. 이 장에서는 스스로를 점검할 수 있는 4가지 핵심 질문을 제시합니다.

(1) 재정 상태 점검

"투자는 돈이 아니라 계획으로 시작됩니다."

자산과 부채, 매월 투자 가능 금액을 정확히 파악하고 있나요? 대출이 가능한 한도뿐 아니라, 심리적으로 감당 가능한 리스크 범위를 명확히 알아야 합니다. '얼마까지는 잃어도 괜찮다'는 감정적 한계를 설정해 놓는 것도 중요합니다.

※ 실천 팁:
① 월 수입과 고정 지출을 표로 정리해 보세요.
② 현재 대출(학자금, 주택, 신용 등) 상황을 체크해 보세요.
③ 비상금은 따로 확보되어 있나요?

(2) 목표 설정

"목표 없는 투자자는 바람 부는 대로 흔들립니다."

당신의 목표는 무엇인가요? 단기(예: 월세 수입 확보), 중기(예: 시세 차익 실현), 장기(예: 은퇴 대비용 자산 축적)로 나누어 각각의 목표를 명확히 설정하는 것이 중요합니다. 그리고 자신이 어떤 부동산(아파트, 오피스텔, 상가, 토지 등)에 관심이 있는지, 자신의 투자 성향이 보수적인지, 공격적인지도 함께 고려해야 합니다.

※ 실천 팁:
① 1년, 5년, 10년 후 재정 목표를 글로 써보세요.
② 실거주 중심인지, 임대 수익 중심인지 명확히 하세요.

(3) 지식 준비도

"정보가 부족한 상태에서의 투자는 도박입니다."

기초적인 세금 지식, 대출 구조, 부동산 법률 이해는 필수입니다. 책을 읽고, 강의를 듣고, 실제 매물을 보러 다니며 현장을 경험해야 합니다.

※ 실천 팁:
① '부동산 초보' 관련 서적 읽기
② 유튜브·강의·세미나 참석하기
③ 공인중개사 사무실 방문해 상담받기

(4) 정보 수집 습관

"부동산은 데이터를 보는 훈련입니다."

관심 있는 지역의 실거래가, 전세가, 공실률 등을 정기적으로 모니터링하는 습관이 있나요? 부동산은 타이밍보다 정보 우위가 더 중요합니다.

※ 실천 팁:
① 매주 1시간, 네이버 부동산/국토부 실거래가 사이트 보기
② 지역별 뉴스, 정책자료 스크랩
③ 입지 분석표 만들기

항목	점검 질문	실천 팁
1) 재정 상태 점검	현재 자산, 부채, 월 저축 가능 금액을 파악하고 있는가?	무리한 대출보다 안정적 자금 흐름 확보
2) 목표 설정	단기/중기/장기적 투자 목표가 구체적으로 정리되어 있는가?	수익형/시세차익형 구분, 관심 유형 명확화
3) 지식 준비도	기본적인 세금, 대출, 부동산 법규에 대한 이해가 있는가?	관련 서적 독서 + 강의/세미나 참여
4) 정보 수집 습관	관심 지역의 실거래가, 공급 계획 등을 정기적으로 확인하는가?	매주 일정 시간 투자 정보 업데이트 습관화

부동산 재테크 자가진단 체크리스트

위 체크리스트에서 2개 이상 '예'라고 답했다면, 당신은 이미 출발선에 섰습니다. 아직 준비가 부족하다면, 지금부터 한 걸음씩 채워나가면 됩니다.

완벽한 준비를 기다리는 것은 때로 '변명'일 수 있습니다. 준비와 실행은 함께 가야 합니다. '생각만 하는 투자자'가 아닌, '실천하는 투자자'가

되십시오.

부동산 재테크에서 가장 중요한 것은 지속성입니다. 지금 공부한 것이 바로 내일 기회로 이어지진 않을 수 있습니다. 하지만 꾸준함은 반드시 기회를 만든다는 사실을 잊지 마세요. 오늘 시작한 이 작은 노력이, 5년 후 여러분을 경제적 자유로 이끌 것입니다. 지금 시작하세요. 절대 늦지 않았습니다.

5. 실전 전략 (1): 사회초년생의 첫 부동산 투자

사회초년생 시절, 필자 역시 월급의 절반을 저축하며 소액 경매로 첫 부동산 투자를 시작했습니다. 큰 자본도, 대단한 전략도 없었지만 '할 수 있는 만큼만 시작하자'는 마음으로 한 걸음씩 나아갔습니다. 처음엔 실수도 많았지만, 시간이 지나며 지식과 경험이 자산으로 바뀌었습니다.

중요한 건 완벽한 조건이 아니라 지금의 나에게 맞는 전략을 찾는 것입니다. 월급이 적고 자산이 부족하더라도 시작은 가능합니다. 다음의 네 가지 전략은 사회초년생에게 특히 유용한 방식입니다.

(1) 소액 경매 활용하기

"2,000만 원으로 시작하는 첫 부동산"

소액 경매는 진입장벽이 낮고, 실물자산을 직접 분석하며 배우기 좋습니다. 오피스텔, 원룸, 다세대주택 등 소형 부동산 중 권리관계가 깨끗하고 실거주 가능한 물건을 고르는 것이 좋습니다.

※ 실천 팁:
① 법원경매정보 사이트(대법원)에서 무료 열람 가능합니다.
② 입찰 전 '등기부등본'과 '현황조사서'를 반드시 검토해야 합니다.
③ 명도 가능성과 관리비 체납 여부도 체크해야 합니다.
④ 주의사항: 시세보다 싸다고 무조건 좋은 게 아닙니다. 입지·관리 상태·입주자 상황까지 꼼꼼히 살펴보아야 합니다.

(2) 전세 끼고 투자하기(갭투자)

"전세보증금을 지렛대로 자산을 만드는 전략"

예를 들어, 3억 원 아파트에 2억 원 전세가 들어있다면, 1억 원만 있어도 아파트를 매입할 수 있습니다. 이는 전세를 일종의 '타인의 자본(전세보증금)'으로 활용하는 방식입니다. 투자 금액이 줄고, 실입주자도 확보되어 안정적인 수익 구조가 만들어집니다.

※ 실천 팁:

① 주변 시세보다 전세가율이 높은 곳을 찾아야 합니다.

② 전세 기간과 보증금 반환 계획은 명확히 점검해야 합니다.

③ 세입자의 확정일자·보증보험 여부도 확인해야 합니다.

④ 주의사항: 시장 하락기에는 위험이 커질 수 있습니다. 가격·수요 흐름을 꼭 분석해 보아야 합니다.

(3) 청약 가점 관리하기

"가장 안전한 투자 기회, 청약"

청약은 사회초년생에게 최소 리스크, 최대 수익을 노릴 수 있는 전략입니다. 공공주택, 신혼희망타운, 생애최초특별공급 등은 진입장벽도 낮습니다.

※ 실천 팁:

① 주택청약종합저축 가입은 필수입니다.

② 무주택 기간은 길수록 유리합니다.

③ 부양가족 수 및 납입 횟수를 체크해야 합니다.

④ 지방 거주자는 지역 우선공급 조건도 확인해야 합니다.

⑤ 주의사항: 청약만 바라보다 실질적인 투자 기회를 놓치지 않도록 병행 전략이 필요합니다.

(4) 실거주 및 투자 병행 전략

"사는 집이 투자 자산이 된다"

내가 거주하면서 동시에 자산으로 키울 수 있는 부동산을 선택하는 게 중요합니다. 주변 시세 상승 가능성이 있는 지역에 전세가 아닌 자가로 들어가 거주하면, 매년 전세 오르내림에 흔들리지 않고 안정성과 자산 증가를 동시에 누릴 수 있습니다.

※ 실천 팁:
① GTX 예정지, 역세권, 생활 인프라 완성도 높은 지역을 중심으로 살펴보아야 합니다.
② 신축보다는 준신축 또는 저평가된 구축 아파트를 검토하는 것이 좋습니다.
③ 직접 관리가 가능한 크기의 주택부터 시작해 보아야 합니다.
④ 주의사항: 실거주 후 임대 전환 시 세금, 관리비, 공실 리스크에 대한 준비가 필요합니다.

사회초년생 시기에는 '내가 뭘 알겠어' 하는 마음이 들기 쉽습니다. 하지만 부동산 투자란 결국 '공부'와 '실행'의 반복입니다. 지금 내가 할 수 있는 작은 실천 하나가 나중에 큰 자산이 될 수 있습니다.

적은 금액으로도 일단 시작하세요. 실패를 두려워하지 말고, 배움을 축적하세요. 투자보다 더 중요한 건 투자자로서의 태도입니다.

6. 실전 전략 (2) : 실속 있는 자산 증식법

직장생활과 가정을 병행하는 30~40대에게 부동산 투자는 '안정성'과 '실익'의 균형이 중요합니다. 이 시기는 자녀 교육비, 대출 상환, 노후 준비 등 재정적 부담이 복합적으로 다가오는 시기이기 때문에 과감한 투자보다 실속 있는 자산 증식 전략이 더욱 효과적입니다.

다음은 바쁜 직장인들이 실천 가능한 세 가지 실전 전략입니다.

(1) 구축 아파트 리모델링 전략

"낡은 집에도 잠재된 가치가 있다."
새 아파트는 가격 부담이 크지만, 오래된 아파트는 상대적으로 저렴하며 리모델링을 통해 직접 가치를 높일 수 있는 기회가 많습니다. 특히 주방, 욕실, 바닥재 같은 '체감 개선 효과'가 큰 공간을 중심으로 하면 적은 비용으로도 높은 만족도를 얻을 수 있습니다.

※ 실천 팁:
① 실거주와 투자 목적을 병행할 경우, 자재·디자인 선택 시 '가성비'를 우선해야 합니다.
② 리모델링 전후 시세 차이를 인근 단지와 비교해 보고, 수익률을 예

측해 보아야 합니다.

③ 지역 내 재건축·재개발 가능성 여부도 중장기적으로 고려해야 합니다.

④ 건축 연한이 지나면 수리비가 과다해질 수 있으니, 15~20년 내외의 준구축이 적절합니다.

⑤ 리모델링 비용이 과도해지지 않도록 예산 범위 내에서 업체 2~3곳의 견적을 비교해 보아야 합니다.

(2) 수익형 vs 시세차익형 투자

"현금 흐름이냐, 시세 상승이냐. 당신의 선택은?"

월세 수익을 목표로 하는 수익형 투자와 매매차익을 목표로 하는 시세차익형 투자 중 본인의 상황과 목표에 맞는 방법을 선택하세요. 안정적인 현금 흐름이 필요하다면 수익형, 큰 자본이득을 원한다면 시세차익형이 적합합니다.

구분	수익형 투자	시세차익형 투자
목적	월세 수익	매매 차익
예시	오피스텔, 상가, 도시형생활주택	아파트, 분양권, 재개발
장점	고정 수익 확보, 장기 보유 유리	단기 수익 가능성, 자산 가치 상승
단점	공실/관리 리스크, 수익률 제한	시장 변동성, 대출 리스크

수익형 투자와 시세차익형 투자 비교

(3) 간접 투자 활용하기

"시간이 부족한 직장인을 위한 부동산 투자 대안"

직접 물건을 매입하고 관리하기 어려운 분들에게는 간접 투자 상품이 좋은 선택이 될 수 있습니다. 리츠(REITs), 부동산 펀드 등은 소액으로도 부동산 투자에 참여할 수 있는 방법입니다. 직접 관리의 부담이 없고 분산 투자가 가능하다는 장점이 있습니다.

투자 시에는 금융감독원 등록 여부 및 운용사 신뢰도 체크를 해야 하고 수익률뿐 아니라 환매 가능성, 손실 위험도 분석도 사전에 이루어져야 합니다. 투자 전에 상품 설명서를 꼭 정독하고, 리스크 시뮬레이션도 해야 합니다.

시간이 가장 귀한 자산입니다. 무리한 투자가 아니라, 현실적이고 실행 가능한 방식으로 자산을 천천히 불리는 것이 장기적으로 훨씬 안정적입니다.

투자금이 적더라도 '수익률'이 높은 전략을 찾으세요. 내 라이프스타일에 맞는 투자 방식이 가장 좋은 투자입니다. 직장생활과 병행 가능한 간접 투자, 실거주 중심 투자도 훌륭한 선택입니다.

7. 실전 전략 (3):
   시장의 흐름을 읽는 눈

"부동산은 단순한 매입과 매도가 아니라, 흐름을 읽고 방향을 선점하는 게임이다."

제 수강생 중 한 분은 꾸준히 정부의 재개발 정책을 분석한 끝에, 서울 외곽의 재개발 예정 지역에 투자하여 단 3년 만에 2배 수익을 올렸습니다. 또 다른 분은 고령화 트렌드를 주목해 실버타운 인근 상가에 투자하여 꾸준한 임대수익을 거두고 있습니다.

이들은 특별한 정보망을 가진 전문가가 아닙니다. 다만 공통점은 하나, '미래의 변화를 읽는 눈'을 갖췄다는 점입니다.

시장 흐름은 단기간의 시세 변화나 단편적 뉴스가 아닌, 금리, 인구, 정책, 입지 등 장기적 변수의 조합입니다. 이들을 제대로 읽을 줄 아는 사람만이 다음 기회를 선점할 수 있습니다.

(1) 정부 정책 파악

"정책은 시장의 방향타다."

정부의 부동산 정책은 가장 직접적이고 강력한 시장의 변수입니다. 재건축 규제 완화, 보유세 조정, 청약 제도 개편 등은 시장의 수요와 공급에

중대한 영향을 미칩니다.

※ 분석 포인트:

① 국토교통부·지자체의 발표자료를 확인해 보세요.

② 발표 전후 시세 변동을 추적해 보세요.

③ 정책 수혜 가능 지역을 조기 분석해 보세요.

(2) 금리 환경 분석

"금리는 부동산의 온도계다."

금리는 곧 '돈의 가격'입니다. 금리가 오르면 자금 조달 비용이 늘고, 대출에 부담을 느낀 매수세가 위축되어 시장은 조정기를 겪습니다. 반대로 금리가 내려가면 자산 가격은 반등하기 시작합니다.

※ 분석 포인트:

① 한국은행 기준금리 발표일과 추이를 파악해 보세요.

② 주담대(주택담보대출) 평균 금리를 모니터링해 보세요.

③ 고정금리와 변동금리의 대출 전략을 비교해 보세요.

금리는 부동산 가격에 선행하며, 심리에도 강력한 영향을 줍니다.

(3) 입지 분석

"입지가치 = 생활의 편리함 + 미래의 성장성"

교통망 확장, 산업단지 유치, 생활 인프라 확대 등은 부동산의 실질 가치를 높이는 핵심 요소입니다. 단순히 '지금 좋은 곳'보다 '좋아질 곳'을 미리 보는 눈이 중요합니다.

※ 분석 포인트:
① GTX·광역버스 노선 등 교통 인프라 변화를 살펴보세요.
② 대학, 기업, 대형 쇼핑몰 등 수요 유발 시설 입지를 확인해 보세요.
③ 도보 생활권(병원, 학교, 마트 등)의 형성 여부를 확인해 보세요.

매물을 보기 전에 주변을 걷고, 느껴보는 것이 가장 강력한 분석입니다.

(4) 인구구조 변화

"사람이 가는 곳에 돈이 간다."

인구는 부동산 수요를 결정하는 가장 기본적인 요소입니다.

- 1인 가구 증가 → 도시형 소형주택 수요 증가
- 고령화 진행 → 실버타운, 병원 인근 상가 등 특화 수요 발생
- 청년 유입 지역 → 원룸·오피스텔 투자 가치 상승

※ 분석 포인트:

① 통계청 e-나라지표, 행안부 인구 이동 통계를 활용해 보세요.

② 지자체별 인구 증가 및 감소 추이를 파악해 보세요.

③ 인구가 '줄어드는 지역'보다 '늘어나는 지역'에 주목해 보세요.

"시장은 언제나 변합니다. 그러나 흐름을 아는 자는 흔들리지 않습니다."

단기적인 뉴스나 가격 변동보다, 그 배경에 있는 구조적 변화에 주목하세요. 변화를 예측하는 가장 좋은 방법은 데이터와 현장을 함께 보는 습관입니다.

첫째, 정부 정책은 시장의 의도를 보여줍니다.
둘째, 금리는 투자자의 심리를 조절합니다.
셋째, 입지는 미래의 생활을 말해줍니다.
넷째, 인구는 수요의 지도를 그립니다.

이 네 가지를 꾸준히 추적하다 보면, 시세보다 먼저 기회를 보는 눈이 생깁니다.

8. 부동산 정보 수집 및 분석 노하우

정보화 시대에는 올바른 정보 수집과 분석이 투자 성공의 열쇠입니다. 주말마다 관심 지역을 직접 방문하여 현장감을 익히고, 주민들과 대화하며 실제 거주 환경을 파악해 보세요. 동시에 국토교통부 실거래가 시스템, 네이버 부동산 등 온라인 데이터를 꾸준히 분석하는 습관이 필요합니다.

최근에는 AI와 빅데이터를 활용한 부동산 분석 도구들이 많이 등장했습니다. 이러한 도구들을 적극적으로 활용하되, 최종 판단은 항상 여러분의 분석과 직관에 의존해야 합니다. 데이터는 과거와 현재를 보여주지만, 투자는 미래를 보고 하는 것임을 잊지 마세요.

(1) 공식 데이터 활용하기

① 국토교통부 실거래가 공개시스템
② 한국부동산원 부동산통계정보
③ 지방자치단체 도시계획 정보
④ 통계청 인구 및 가구 데이터

(2) 입지 분석 핵심 요소

① 교통: 지하철, 버스 노선, 도로 개발 계획

② 교육: 학군, 학원가, 교육 시설 현황

③ 생활: 상권, 의료시설, 공원, 문화시설 조성

④ 개발: 재개발·재건축 계획, 산업단지 조성

(3) AI 및 데이터 분석 활용

① 부동산 빅데이터 플랫폼 활용

② AI 기반 가격 예측 서비스 참고

③ GIS(지리정보시스템) 통한 입지 분석

④ 소셜 데이터 분석으로 트렌드 파악

9. 부동산은 결국 사람 공부다

제가 부동산 분야에서 활동하며 깨달은 가장 중요한 교훈은 '부동산은 결국 사람에 관한 공부'라는 것입니다. 모든 부동산 거래의 중심에는 사람이 있고, 그들의 욕구와 심리를 이해하는 것이 성공적인 투자의 핵심입니다.

부동산 투자에서 가장 위험한 것은 조급함입니다. 내 것이 될 부동산은 반드시 내게 오고, 내 것이 아닌 부동산은 애써도 얻을 수 없습니다.

좋은 물건을 놓쳤다고 조급해하지 마세요. 항상 다음 기회가 있습니다. 마음의 여유를 가지고, 꾸준히 배우고, 기록하고, 실천하는 습관을 들이세요. 투자는 마라톤과 같습니다. 빠른 속도보다는 꾸준한 페이스로 완주하는 것이 중요합니다.

이 장에서 제시한 내용들이 여러분의 부동산 투자 여정에 작은 도움이 되기를 바랍니다. 지금 시작해도 절대 늦지 않습니다. 위에 서술된 내용을 바탕으로 첫걸음을 내디뎌 보세요. 여러분의 성공적 투자, '성투'를 빕니다.

참고문헌

- 감형규, 신용재, 조영석, 《재테크 시작하기》, 율곡출판사, 2024.
- 김경민 외 5인, 《부동산 트렌드 2025》, 와이즈맵, 2024.
- 김학렬, 《김학렬의 부동산 투자 절대 원칙》, 에프엔미디어, 2022.
- 노현승, 《늙어서 노는 부동산 교과서》, ㈜메리포핀스, 2023.
- 배문성, 《부동산을 공부할 결심》, 어바웃어북, 2022.
- 정규범, 《나는 불황에도 여전히 부동산 투자를 한다》, ㈜바이포엠 스튜디오, 2022.
- 평지조아, 《부동산 투자로 완성하는 부의 사다리》, 매일경제신문사, 2024.

저자소개

이광원 LEE KWANG WON

학력

- 건국대학교 부동산학 박사
- 성균관대학교 에너지공학 박사
- 연세대학교 기계공학 석사
- 성균관대학교 기계공학사
- 관악고등학교

경력

- 현) 신안산대학교 부동산학과 학과장
- 현) 신안산대학교 평생교육원 부동산재테크과정 주임교수
- 현) 범부처 평가위원(IRIS)
- 현) 해외건설 전문가컨설팅 위원
- 현) 중소기업 경영개선 컨설턴트
- 전) 건국대학교 부동산 산업 연구회 회장(17대)
- 전) SK건설(2014~2018)
- 전) 삼성엔지니어링(2009~2014)

- 전) GS건설(LG엔지니어링, 1991~2009)
- 전) 현대정공(1990~1991)

자격
- 사업관리 기술사(PMP, USA)
- ISO 심사원(ISO9001/14001)
- 1급 채용 면접관(KCA)
- 기업 R&D 지도사(KOTERA)

저서
- 《노인이 인식한 주택개조필요성 유형화 및 영향요인에 관한 연구》, 미래사회, 2024.
- 《한국인의 부동산 투자목적 및 선호 유형화에 관한 연구》, 인문사회21, 2023.
- 《창업경영컨설팅 방법론 및 사례》, 브레인플랫폼, 2023.
- 《인간중심경영과 조직성과》, 인문사회21, 2021.
- 《부동산학과 재학생의 인턴십 합격요인에 관한 연구》, 경영컨설팅연구, 2020.
- 《해외건설수주액 예측을 위한 최적모형 개발》, 한국건설관리학회, 2020.

수상
- 신안산대학교 총장 2023학년도 우수교원 공로상 포상, 2024.01.
- 신안산대학교 총장 2022 연구과제 우수교원 표창, 2023.09.
- 신안산대학교 총장 2020 연구과제 우수교원 표창, 2021.04.

3장 송영갑

꼭 사고팔아야 재테크인가?

1. 들어가며

재테크는 '재무 테크놀로지(Financial Technology)'의 줄임말로 본래 기업이 자금을 조달하거나 운용할 때 고도의 기술과 기법을 활용해 금융 거래를 통해 수익을 창출하는 방식을 의미한다. 이 개념은 일본의 대기업들이 급변하는 경제 환경과 치열한 경쟁 속에서 전통적인 경영 방식만으로는 안정적인 수익을 유지하기 어려워지자 새로운 돌파구를 찾기 위해 개발한 전략에서 출발했다. 이후 이러한 개념은 점차 개인의 자산 관리 영역으로 확장되었고 오늘날에는 일반인들도 실생활 속에서 재테크를 다양한 방식으로 실천하고 있다.

재테크라고 하면 대부분 주식, 부동산, 금, 암호화폐처럼 자산을 사고팔아 차익을 얻는 것을 떠올린다. 물론 이는 대표적인 재테크 방식이다. 그러나 자산을 사고파는 것만이 재테크일까? 이번에는 자산을 '빌려 쓰는' 방식에 대해 살펴보고자 한다.

우리나라의 전세 제도는 단순한 거주 계약을 넘어 자산 운용과 보호 수단으로 활용될 수 있다. 세입자가 일정 금액을 맡기고 거주한 뒤 그대로 돌려받는 구조로 주거 안정과 자금 관리라는 두 가지 목적을 동시에 달성할 수 있는 잠재력이 있다. 따라서 전세는 주택 시장의 한 선택지를 넘어 재테크 수단으로도 주목할 만하다.

전세는 주택을 빌리는 사람이 집주인에게 일정 금액의 보증금을 맡기고 그 대가로 정해진 기간 거주하는 주거 임대 방식이다. 유사한 제도가 일부 국가에도 존재하지만, 전세는 유독 한국에서 가장 체계적이고 독자적인 형태로 발전해 왔다. 오랜 시간 동안 전세는 집을 소유하지 못한 서민들에게 내 집 마련의 디딤돌이자 자산 형성을 위한 중요한 수단으로 자리해 왔다.

하지만 최근 몇 년 사이 이 전세 제도가 각종 사기 수법에 악용되면서 심각한 사회 문제로 떠오르고 있다. 전세사기의 본질은 단순하다. 세입자가 집주인을 믿고 맡긴 거액의 보증금을 계약 만료 시 돌려받지 못하거나 집주인이 반환할 능력이 없는 상황이 발생하는 것이다. 문제는 이러한 사기 수법이 점점 더 지능화되고 조직화하고 있다는 점이다. 특히 사회초년생이나 신혼부부, 고령자처럼 부동산거래 경험이 부족한 이들이 주요 피해자가 되고 있다.

정부와 지자체도 다양한 대책을 내놓고 있지만 제도만으로 전세사기를 완전히 막는 데는 한계가 있다. 결국 개인이 스스로 정보를 찾고 판단하는 역량을 갖추는 것이 가장 효과적인 예방책이다. 예전에는 공인중개사나 지인의 말에 의존해 계약하는 경우가 많았지만 이제는 공공 데이터와 인공지능 기술을 활용해 더욱더 객관적이고 안전한 선택이 가능하다. 전세사기를 막기 위한 정보는 이미 주변에 충분히 존재하며 중요한 것은 그것을 어떻게 찾고, 이해하고, 활용하느냐이다.

본 장은 그러한 시대적 흐름 속에서 누구나 실천할 수 있는 전세사기 예방법을 중심으로 구성되었다. 복잡한 법률이나 어려운 전문 지식 없이도 핵심 정보를 제대로 알고 활용한다면 충분히 내 보증금을 지킬 수 있다. 이 장이 독자 여러분에게 전세사기를 예방할 수 있는 실질적인 도구가 되길 바란다. 정보는 곧 무기이며 준비된 사람만이 위험으로부터 자신을 지킬 수 있다.

2. 전세사기의 유형과 피해 현황

(1) 전세사기의 유형

전세사기는 단순한 '사기'로 보기 어렵다. 겉으로는 정당한 거래처럼 보이지만 법과 제도의 허점을 교묘히 이용해 피해자를 속이는 구조적 범죄이다. 많은 피해자가 "가격 대비 괜찮은 매물"이라는 말만 믿고 의심 없이 계약한 것은 이 사기가 개인의 부주의가 아닌 정보 비대칭과 제도의 허점을 악용한 기획 사기임을 보여준다. 그렇다면 어떤 수법이 사용되고 있을까? 경찰청 자료를 바탕으로 자주 발생하는 전세사기 유형 7가지를 살펴보자.

1) 무자본·갭투자

무자본·갭투자형 사기는 '자기 자본 없이 남의 돈(주로 세입자의 전세보증금)을 이용해 부동산을 매입하고 차익을 노리는 구조'에서 발생한다. 이는 일반적인 투자 방식처럼 보일 수 있으나 문제는 보증금을 돌려줄 여력이 전혀 없는 상태에서 반복적으로 전세계약을 체결하며 다수의 세입자에게 위험을 전가한다는 점이다. 외형상 합법처럼 보이지만 투자자가 매입한 부동산의 실제 가치와 세입자의 보증금 사이에 심각한 불균형이 존재해 집값이 하락하거나 매각이 지연되면 보증금을 반환할 수 없는 구조적 사기다. 특히 이런 방식은 조직적 범죄 형태로 발전해 건축주·공인중개사·분양대행사 등이 공모하여 세입자의 보증금을 착취하는 데 악용되기도 한다.

2) 깡통전세

깡통전세는 전세보증금이 해당 주택의 실제 매매가나 담보대출금보다 높거나 유사한 수준으로 책정된 상태를 말한다. 이런 상황에서는 세입자가 계약 종료 후 보증금을 돌려받지 못할 가능성이 매우 크다. 특히 주택 경매 시 우선순위 채권자가 먼저 배당받게 되므로 후순위인 세입자는 배당 순위에서 밀려 손해를 보게 된다. 이 유형은 집주인이 의도적으로 자신의 재정 상태를 숨기고 계약을 체결하는 것이 핵심이며 세입자의 안전장치가 사실상 전무한 구조적 위험을 안고 있다. 부동산 시장의 침체기 특히 신축 빌라 등 시세가 불투명한 물건에서 자주 나타난다.

3) 부동산 권리관계 허위 고지

이 유형은 집주인이 부동산에 설정된 법적 권리(예: 근저당, 압류, 가압류, 경매개시결정 등)를 세입자에게 알리지 않거나 고의로 축소·은폐하여 계약을 체결함으로써 보증금 피해를 유도하는 방식이다. 등기부등본상 확인할 수 있는 정보임에도 불구하고, 일반 세입자가 관련 서류를 읽거나 해석할 수 있는 능력이 부족한 점을 악용하는 경우가 많다. 집주인은 이를 '조만간 말소될 것'이라는 말로 안심시키며 계약을 성사하고 계약 종료 시점에 법적 우선순위 문제로 보증금을 반환하지 못한다. 법적 문제로 이어지더라도 계약 당시의 설명 부족이나 해석 차이를 이유로 처벌이 어려운 회색 지대에 위치된 사기 유형이다.

4) 실소유자 행세 등 무권한 계약

실소유자가 아닌 사람이 본인 소유인 것처럼 위장하여 세입자와 전세계약을 체결하는 유형이다. 무권한자의 신분을 숨기기 위해 등기사항증명서, 인감증명서, 주민등록증 등을 위조하거나 도용하며 서류상으로는 정상적인 계약처럼 보이게 만든다. 세입자는 해당 부동산에 대해 정당한 권한을 가진 사람과 계약을 체결한다고 믿지만 실제로는 전혀 권한이 없는 제3자와의 계약이며 계약 자체가 무효가 된다. 이러한 유형은 특히 신분 위조나 공인중개사의 공모, 서류 위·변조 기술을 동반하는 경우가 많다.

5) 위임범위 초과 계약

부동산의 소유자가 아닌 사람이 단순히 '관리 권한'이나 '월세 계약 권한'만을 위임받았음에도 이를 고의로 숨기고 전세계약을 체결해 보증금을 편취하는 유형이다. 표면적으로는 권한이 있는 듯 보이지만 실제로는 전세계약을 체결할 법적 권한이 없는 상태에서 계약이 이루어지므로 임대차 계약이 무효 처리될 수 있으며 세입자는 돌려받을 방법이 없어 피해를 보게 된다. 특히 전대차 계약 또는 제3자 명의로 관리되는 부동산에서 자주 발생하며 계약서에 집주인 서명이 없어도 공인중개사나 위임자의 말만 믿고 계약이 진행되는 것이 일반적이다.

6) 허위 보증·보험

주택도시보증공사(HUG), 한국주택금융공사(HF), 서울보증보험(SGI) 등에서 전세보증보험의 가입이 안 되는 주택에 대해 허위로 보증 가능하다고 속이거나 아예 허위 계약서를 기반으로 금융기관에서 전세자금대출을 유도해 보증금을 편취하는 방식이다. 이 유형은 제도 자체에 대한 무지나 신뢰를 악용하는 것으로 세입자가 보증보험에 가입되어 있다고 믿고 안심하지만 실제로는 어떠한 보장도 받을 수 없는 상태다. 경우에 따라선 집주인과 세입자가 공모하여 보증기관이나 금융기관을 상대로 보험금 또는 대출금을 편취하는 부정수급형 범죄로까지 이어질 수 있다.

7) 불법 중개·매개(공인중개사법 위반)

공인중개사 자격이 없는 자가 불법 중개를 하거나 중개사무소 등록 없이 무단으로 영업하는 경우 또는 공인중개사가 법을 위반해 계약을 유도하는 경우이다. 예를 들어 공인중개사가 쌍방대리를 하며 매물에 대한 허위 정보를 전달하는 경우와 자격증을 타인에게 대여하거나 금지된 명칭을 사용하여 일반인을 현혹하는 경우가 대표적이다. 중개 과정에서 중요한 사항을 누락하거나 허위로 고지함으로써 세입자의 판단력을 흐리게 하는 행위는 명백한 불법으로 간주되며 결과적으로 세입자는 사기 계약에 휘말리게 된다.

(2) 전세사기 피해 현황

2022년 7월 25일부터 2024년 7월 28일까지 확인된 전세사기 피해자는 총 1만 6,314명이며 피해 금액은 2조 4,963억 원에 달한다(경찰 송치 기준, 추가 확인 중). 해당 내용은 〈표 1〉에 정리하였다.

〈표 1〉 전세사기 피해 현황

구분		명	%
나이	20대 이하	4,102	25.1
	30대	6,152	37.7
	40대	2,585	15.9
	50대	1,341	8.2
	60대	654	4.0
	70대 이상	226	1.4
	법인	1,254	7.7
피해 금액	5천만 원 이하	2,998	18.4
	5천만 원~1억 원	3,887	23.8
	1억 원~2억 원	5,545	34.0
	2억 원~3억 원	3,066	18.8
	3억 원 이상	818	5.0
주택 유형	다세대주택	9,772	59.9
	오피스텔	5,061	31.0
	아파트	1,337	8.2
	단독주택	144	0.9

출처: 경찰청

피해자는 주로 20대 이하(25.1%)와 30대(37.7%)로 사회 경험이 부족하고 부동산 거래에 대한 이해가 낮은 청년층이 중심을 이루고 있다. 이들은 신혼부부, 사회초년생, 대학생 등으로 부동산 계약 과정에서 법적·행정적 사각지대에 놓이기 쉽고 피해가 발생할 때 대응 능력도 상대적으로 취약하다. 따라서 계약 단계에서 전문가의 조력과 제도적 장치의 보완이 필요하다.

피해 금액별로는 1억 원에서 2억 원 사이가 34.0%로 가장 높은 비율을 차지하였고 이어서 5천만 원에서 1억 원(23.8%), 2억 원에서 3억 원(18.8%) 순으로 나타났다. 특히 전세보증금 대부분이 생애 첫 주택 마련 자금인 경우가 많아 피해자가 입는 경제적·심리적 충격은 매우 크다.

주택유형별로는 다세대주택이 전체의 59.9%로 가장 많았으며 오피스텔(31.0%), 아파트(8.2%), 단독주택(0.9%) 순으로 나타났다. 이는 주로 집주인이 다수의 세입자에게 전세계약을 반복 체결하면서 사기를 저지르는 수법이 매우 다양하다는 점을 시사한다. 또한 다세대주택이나 오피스텔은 관리 사각지대에 놓이기 쉬워 피해 취약성이 더욱 크다.

이러한 피해는 사회적 약자인 서민층을 중심으로 발생하고 있으며 단순한 금전 피해를 넘어 주거 불안과 생활 기반 붕괴로 이어지는 심각한 사회 문제다. 전세사기를 근절하기 위해서는 공공임대 확대, 전세 보증보험 가입 의무화, 공인중개사 관리 강화 등 제도적 개선이 절실하다. 나아가 피해자 구제와 회복을 위한 법률 지원과 심리상담 등 실질적인 복지 정책도 함께 추진되어야 한다.

3. 전세사기를 예방하는 기본 법칙

전세사기를 예방하는 데 가장 중요한 요소는 바로 '계약 전 철저한 확인'이다. 단 한 번의 꼼꼼한 점검만으로도 수억 원에 달하는 보증금을 안전하게 지킬 수 있다. 이 장에서는 전세계약의 단계별로 반드시 확인해야 할 기본 법칙을 소개한다.

(1) 계약 전 단계

우선 계약 전 단계에서는 공인중개사의 자격과 신뢰성, 주택의 실제 상태, 전세가율의 적정성, 선순위 권리관계, 그리고 집주인의 세금 체납 여부 등을 꼼꼼히 점검하는 것이 필수적이다.

1) 공인중개사의 자격과 신뢰성

대부분의 전세계약이 공인중개사를 통해 이루어지는 만큼 공인중개사의 정상적인 영업 여부를 반드시 확인하는 것이 매우 중요하다. 이는 불법 중개나 무등록 중개업자를 통해 위험한 계약을 체결하는 것을 사전에 막으려는 조치이다. 또한 공인중개사가 정식으로 가입한 공제나 보증 제도를 통해 만약의 사고 발생 시 손해배상을 받을 수 있는 안전장치가 마련되어 있으므로 신뢰할 수 있는 중개사를 선택하는 것이 전세사기 예방의 첫걸음이라 할 수 있다.

공인중개사의 등록 여부와 사업장 정보는 국토교통부에서 운영하는 '브이월드(www.vworld.kr)' 사이트에서 간편하게 조회할 수 있다. 이외에도 해당 중개업소의 영업 허가증과 공인중개사 자격증을 직접 확인하는 것도 좋은 방법이다. 사전에 꼼꼼히 검증하는 과정을 통해 더욱 안전한 전세계약을 할 수 있다.

2) 주택의 실제 상태를 확인하자

전세계약을 앞두고는 반드시 현장을 직접 방문해 주택 상태를 꼼꼼히 확인해야 한다. 사진이나 설명만으로는 파악하기 어려운 하자나 문제점들이 현장에서 직접 눈으로 살펴보아야 명확히 드러나기 때문이다. 만약 누수, 곰팡이, 구조적 손상 등 하자가 발견된다면 계약 전에 반드시 집주인에게 수리나 보수를 요구해야 하며 보수가 불가능하거나 지연될 경우 재검토하는 것이 바람직하다. 아울러 해당 주택이 불법 건축물이나 무허가 시설인지 여부도 반드시 점검해야 한다. 이는 주택의 법적 안정성과 향후 권리 보호에 직접적인 영향을 미치는 중요한 요소다. 이를 확인하기 위해서는 정부24(www.gov.kr)에서 건축물대장을 발급받아 해당 건축물의 허가 현황을 꼼꼼히 살펴보는 절차가 필요하다.

이와 같은 철저한 현장 점검과 서류 확인 과정을 거쳐야만 예기치 않은 분쟁이나 피해를 사전에 방지할 수 있으며 전세계약을 더욱 안전하게 진행할 수 있다. 전문가들도 현장 방문과 서류 검증을 전세계약의 필수 단계로 강조하는 이유가 바로 여기에 있다.

3) 전세가율의 적정성

전세보증금을 안전하게 지키기 위해서는 먼저 해당 주택의 전세가율이 적정한지 아닌지를 꼼꼼히 확인하는 것이 필수적이다. 전세가율이 지나치게 높거나 시세와 현저히 차이가 날 경우, 이는 집주인의 재정 상황이나 부동산 시장의 불안정성을 반영할 수 있어 보증금 반환에 위험 요소가 될 수 있다. 따라서 국토교통부의 실거래가 공개시스템(rt.molit.go.kr)과 네이버 부동산, 호갱노노, 아실, 리치고 등 신뢰할 수 있는 부동산 정보 플랫폼을 통해 인근 시세와 비교 분석하는 것이 매우 중요하다.

또한, 전세보증보험 가입 여부도 반드시 확인해야 한다. 전세보증보험은 집주인이 보증금을 반환하지 못할 경우, 보증기관이 대신 보증금을 지급하는 제도로서 세입자의 재산을 보호하는 강력한 안전장치 역할을 한다. 국내 대표적인 보증기관으로는 주택도시보증공사(HUG), 한국주택금융공사(HF), 서울보증보험(SGI) 등이 있으며 이들 기관을 통해 보증 가입 가능 여부와 가입 조건을 미리 점검하는 것이 필요하다.

특히 보증보험 가입이 가능한 주택인지를 미리 확인하지 않고 계약할 경우, 사후에 보증금 반환 문제가 발생했을 때 실질적인 보호를 받기 어려우므로 각별한 주의가 요구된다. 따라서 계약 전에는 반드시 전세가율의 적정성과 함께 보증보험 가입 가능 여부를 동시에 확인해 전세사기에 대비하는 철저한 대비책을 마련해야 한다.

4) 선순위 권리관계 확인

내 보증금의 안전성을 확인하는 가장 기본적이고도 중요한 방법은 등기부등본을 철저히 검토하는 것이다. 등기부등본의 갑구에서는 해당 부동산에 설정된 압류, 가압류 등의 권리관계를 확인할 수 있으며 을구에서는 근저당권 설정 여부를 확인할 수 있다. 특히, 경매개시 여부나 근저당권 설정이 있으면 보증금 반환에 큰 위험이 따르므로 반드시 꼼꼼히 살펴야 한다. 이러한 등기부등본은 인터넷등기소(www.iros.go.kr)를 통해 누구나 손쉽게 열람할 수 있으며 계약 전 반드시 직접 확인하는 습관을 들이는 것이 매우 중요하다.

더불어 다가구주택과 같이 다수 세입자가 존재할 가능성이 높은 주택의 경우 선순위 세입자의 보증금 존재 여부를 확인하는 것이 필수적이다. 이를 위해 전입세대 열람내역과 확정일자 부여현황을 반드시 점검해야 한다. 이것은 해당 주택에 누가 거주하고 있는지 그리고 이들이 법적으로 우선권을 갖는 세입자인지 확인하는 절차이며 세입자의 권리 보호를 위한 법적 장치다.

이와 같은 서류들은 계약 전에 집주인에게 제출을 요청하여 반드시 직접 확인해야 하며 이를 통해 선순위 권리관계를 명확히 파악함으로써 내 보증금을 보호할 수 있다. 전문가들은 이러한 절차를 소홀히 할 때 전세사기에 쉽게 노출될 수 있기에 반드시 계약 전에 꼼꼼하게 점검할 것을 권고한다.

5) 집주인의 세금 체납 여부

전세계약을 체결하기 전 반드시 확인해야 할 중요한 사항 중 하나는 집주인의 세금 체납 여부다. 집주인이 국세나 지방세를 체납한 상태라면 향후 해당 부동산이 압류되거나 공매 절차에 들어갈 수 있으며 이 경우 세입자의 보증금이 제대로 보호받지 못할 위험이 생긴다.

이러한 위험을 방지하기 위해서는 계약 전에 집주인에게 국세 및 지방세 체납 여부를 확인할 수 있는 서류를 요청해야 한다. 국세는 세무서나 홈택스(www.hometax.go.kr), 지방세는 관할 주민센터 또는 위택스(www.wetax.go.kr)에서 체납 여부를 확인할 수 있다. 이때 납세증명서 또는 미납세액증명서 등 공식 문서를 통해 확인하는 것이 안전하다.

보증금이 1천만 원 이상의 경우에는 계약 체결 후에도 세입자가 집주인의 동의 없이 국세 체납 내역을 열람할 수 있다. 추가로 계약서 특약사항에 '세금 체납이 없으며, 체납 발생 시 세입자에게 즉시 통지한다'는 내용을 포함하는 것도 보증금을 보호하는 데 도움이 된다. 이러한 사전 확인과 예방 조치를 통해 세입자는 세금 체납으로 인한 보증금 피해를 줄일 수 있다.

(2) 계약 체결 시(계약 당일)

전세계약을 체결하는 당일에는 계약의 안전성을 높이기 위해 여러 사항을 철저히 확인해야 한다. 집주인의 신분과 공인중개사사무소의 정상 영업 여부 그리고 권리관계를 확인해야 한다. 계약 시에는 반드시 주택임대차 표준계약서를 활용해야 한다.

1) 집주인의 신분 확인

집주인 본인이 직접 참석하여 계약하는지를 반드시 확인해야 한다. 위임계약 시 위임장과 인감증명서, 대리인의 신분을 확인해야 한다. 신분증의 진위를 확인할 때 주민등록증은 정부24(www.gov.kr), 운전면허증은 한국도로교통공단(www.safedriving.or.kr)에서 확인할 수 있다.

2) 공인중개사사무소에서 정상영업 여부 확인

공인중개사사무소에서 공인중개사 자격증, 중개사무소 등록증, 업무보증, 중개보수 요율표 등이 게시되어 있는지를 확인하고 브이월드(www.vworld.kr)를 통해 정상영업 중인지를 확인해야 한다.

3) 권리관계 재확인

등기부등본의 갑구, 을구를 확인하여 근저당권 설정, 경매개시 여부 등을 다시 한번 확인한다.

4) 주택임대차표준계약서 활용

공인중개사사무소에서 작성하는 계약서도 있지만 최신 법률이 반영된 주택임대차표준계약서를 사용하는 것이 더욱더 안전하다. 또한 특약사항에는 전세보증금의 보증 가입이 안 될 때는 계약을 해제할 수 있도록 하고 대항력을 갖추기 전까지는 제한물권을 설정할 수 없도록 하며, 소유권이 변경될 때 세입자에게 반드시 통보하고 원할 경우 계약을 해제할 수 있음을 명시해야 보증금을 효과적으로 보호할 수 있다.

(3) 계약 체결 후

전세계약을 체결한 후에는 반드시 주택임대차신고를 해야 한다. 이는 부동산거래신고 등에 관한 법률 제6조의2에 따른 법적 의무로 계약일로부터 30일 이내에 신고를 완료해야 한다. 주택임대차신고를 하면 확정일자가 자동으로 부여되며 이는 보증금에 대한 우선변제권을 확보하는 데 중요한 역할을 한다.

(4) 잔금 지급 및 이사한 후

잔금 지급 및 이사한 후에는 다시 한번 권리관계를 확인해야 하고 전입신고 후 전세보증금 반환보증에 가입해야 한다.

1) 권리관계 재확인

잔금 지급 전에는 등기사항전부증명서를 다시 열람하여 권리관계에 변동이 없는지 반드시 확인해야 한다. 계약 이후 잔금을 지급하기 전에 새로운 근저당권, 가압류, 압류 등의 권리가 설정될 수 있으므로 이를 확인하지 않으면 세입자의 보증금이 후순위로 밀려 피해를 입을 수 있다. 따라서 최종 점검을 통해 이상이 없는 것을 확인한 후에 잔금을 지급하는 것이 안전하다.

2) 전입신고

잔금을 지급하고 이사를 완료한 후에는 관할 주민센터나 정부24를 통해 전입신고를 해야 한다. 전입신고는 세입자가 해당 주택에 실제 거주하고 있음을 증명하는 절차로 확정일자와 함께 대항력을 갖추기 위해 반드시 이행해야 한다. 이 두 가지 요건이 충족되어야만 보증금에 대한 법적 보호를 받을 수 있다.

3) 전세보증금 반환보증 가입

보증금을 더욱더 안전하게 보호하기 위해 전세보증금 반환보증에 가입하는 것이 바람직하다. 이 제도는 집주인이 보증금을 반환하지 못할 때 보증기관이 대신 보증금을 지급해 주는 제도로 주택도시보증공사(HUG), 한국주택금융공사(HF), 서울보증보험(SGI) 등에서 신청할 수 있다. 기관별로 보증한도, 보증료율, 심사 기준이 다르므로 사전에 조건을 비교한 뒤 적절한 기관을 선택해 가입하는 것이 좋다.

이러한 절차를 통해 세입자는 전세사기로부터 보증금을 효과적으로 보호할 수 있다.

4. 전세사기 피해 발생 시 대처법

전세계약이 종료되었음에도 불구하고 집주인이 보증금을 반환하지 않는 경우 세입자는 심각한 경제적 손실은 물론 정신적인 고통까지 겪게 된다. 특히 새로운 거주지로 이사해야 하는 상황이라면 반드시 기존 임대주택에 대해 임차권등기명령을 신청해 놓는 것이 필요하다. 임차권등기를 하면 해당 주택에서 퇴거한 이후에도 대항력과 우선변제권을 유지할 수 있어 보증금을 회수할 수 있는 법적 기반을 마련할 수 있다.

또한, 보증금 반환이 지연될 경우에는 법원에 보증금 반환을 위한 지급명령 신청을 할 수 있다. 이는 소송보다 간편하고 빠르게 진행할 수 있는 민사 절차로 집주인이 이의를 제기하지 않으면 확정판결과 같은 효력을 지닌다. 그러나 전세사기의 경우에는 집주인이 잠적하거나 연락을 끊는 일이 많기 때문에 민사소송을 통한 강제집행을 준비해야 하는 경우도 적지 않다. 이럴 때는 법률전문가의 조력을 받아 소송을 진행하는 것이 바람직하다.

전세사기로 의심되는 정황이 있을 때 관할 경찰서에 사기죄 혐의로 고소 또는 고발을 진행할 수 있다. 예를 들어 집주인이 고의로 세금 체납 사실을 숨겼거나 계약서에 허위 내용을 기재하거나 이중계약을 체결한 때에는 형법상 사기죄가 성립할 가능성이 있다. 이 경우 수사기관의 판단을 통해 형사처벌과 병행한 피해복구 절차가 진행될 수 있다.

정부는 전세사기 피해자를 위해 다양한 지원 제도를 운영 중이다. 피해자로 공식 확인을 받으면 긴급 주거 지원, 대출 상환 유예 및 연장 등의 혜택을 받을 수 있으며 경제적 부담을 덜기 위해 법률 상담 및 소송 비용에 대한 지원도 제공된다. 국토교통부 전세사기 통합지원센터, 주거복지센터 등을 통해 관련 절차와 자격 요건을 확인할 수 있다.

이처럼 계약 종료 시점에서 보증금을 반환받지 못하는 상황은 단순한 분쟁을 넘어 법률적 절차와 정부 지원 제도를 종합적으로 활용해야 하는 복합적인 문제이다. 따라서 초기에 신속하고 체계적인 대응을 하는 것이 피해를 최소화하는 핵심이다.

5. 전세사기 관련 최신 법률 및 제도

전세사기 피해자에 대한 보호는 단일한 법률에 의해 이루어지는 것이 아니라「전세사기피해자법」,「주택임대차보호법」,「민법」 등 다양한 법률과 보증기관 제도, 정부의 지원 정책이 유기적으로 작동하는 복합적인 체계 속에서 이뤄진다.

피해가 발생한 때에는 임차권등기명령 신청, 보증보험 청구, 법률상담, 민사소송 제기 등의 절차를 통해 권리 회복을 시도할 수 있으며 이 과정에서 공공기관과 민간의 지원체계를 적극적으로 활용하는 것이 무엇보다 중요하다.

특히 주택도시보증공사(HUG), 한국주택금융공사(HF), 서울보증보험(SGI) 등의 보증기관을 통해 보증보험에 가입한 때에는 일정 요건을 충족하면 보증금 반환이 가능하다. 보증보험에 가입하지 않았더라도 피해자로 공식 인정될 때는 법률 상담, 심리 상담, 주거 지원, 금융 지원, 사기 피해 접수 등 정부의 다양한 특별 지원을 받을 수 있다. 따라서 피해 발생 시에는 혼자서 문제를 해결하려 하기보다는 국토교통부와 주택도시보증공사(HUG)에서 운영하는 전세사기피해자 지원관리시스템(jeonse.kgeop.go.kr)을 활용해 전문적인 상담과 실질적인 도움을 받는 것이 바람직하다.

이처럼 관련 제도와 지원 기관을 적시에 활용하는 것은 피해 복구에 실질적인 도움이 될 뿐 아니라 향후 유사한 피해를 예방하고 대응 역량을 강화하는 데에도 중요한 기반이 된다.

6. 예방이 최고의 재테크다

전세사기는 한순간에 수천만 원에서 수억 원까지 재산을 잃게 하는 심각한 범죄다. 보증금 손실은 경제적 피해뿐 아니라 주거 불안과 신용 하락, 정신적 고통으로도 이어진다. 따라서 사전 점검과 예방은 가장 확실한 재테크 전략이다.

첫째, 계약 전 꼼꼼히 확인해야 한다.
등기부등본 확인, 집주인 소유 여부 및 근저당·선순위 세입자 유무를 반드시 점검하고 확정일자와 전입신고도 빠르게 처리해 법적 보호를 확보해야 한다.

둘째, 보증보험 가입은 필수이다.
주택도시보증공사(HUG), 한국주택금융공사(HF), 서울보증보험

(SGI) 등에서 보증보험에 가입하면 집주인이 보증금을 돌려주지 않아도 보험기관에서 대신 돌려준다. 소액의 보험료로 큰 금액의 보증금을 보호할 수 있는 안전장치이다.

셋째, 시세보다 낮은 매물은 의심해야 한다.
주변 시세보다 지나치게 저렴한 전세는 사기일 가능성이 크므로 전문가 상담을 거쳐 위험 요소를 확인해야 한다.

마지막으로 전문가와 제도를 적극적으로 활용해야 한다.
공인중개사, 보증기관, 국토교통부 전세사기피해자 지원관리시스템 등 공공·민간 지원체계를 활용하면 사기 피해를 사전에 방지할 수 있다.

재테크는 꼭 돈을 불리는 것만이 아니라 가진 돈을 안전하게 지키는 것도 포함된다. 전세사기를 예방하는 건 돈이 들지 않는 일종의 '무형의 보험'이며 내 재산을 지키는 가장 똑똑한 투자라는 점을 꼭 기억해야 한다.

참고문헌

- 송영갑, 〈주택 임대차 중개사고 예방을 위한 방안연구〉, 서울벤처대학원대학교, 부동산학과 박사학위논문, 2024.
- 국립국어원 표준국어대사전
- 관계부처 합동(2022) 세입자 재산보호와 주거안정 지원을 위한 전세사기 피해방지 방안
- 국토교통부 전세사기 피해예방을 위한 전세계약 유의사항

저자소개

송영갑 SONG YOUNG GAP

학력
- 서울벤처대학원대학교 부동산학 박사
- 건국대학교 부동산대학원 부동산학 석사

경력
- 현) 신안산대학교 부동산학과 겸임교수
- 현) 박사공인중개사사무소 대표

자격
- 공인중개사
- KBS채용면접관(1급 자격증)

저서
- 《부동산 중개사고 예방을 위한 실증연구》, 한국주거환경학회, 2024.
- 《주택 임대차 중개사고 예방을 위한 방안연구》, 박사학위논문, 2024.

4장 오승택

50대 중반, 청약저축을 해약하고 경매를 선택하다

1. 청약저축을 해약하다

오래전부터 청약저축으로 내 집 마련의 꿈을 갖고 있는 분들이 우리 국민의 대다수 일 듯싶다. 나도 그중에 한 사람이었으며, 그런 틀에서 나오기까지 많은 시간이 걸렸다. 우리 어머니께서는 항상 청약저축은 해약하지 말고 꼭 갖고 있어야 한다고 말씀하셨다.

그 말씀을 지키려고 매달 적게는 10만 원부터 20만 원까지 꾸준히 내오고 있었다. 그 금액이 1,700만 원 정도가 되었다. 물론 그전에도 청약저축 통장이 있었으나 2013년 개인적인 사정으로 해약하고 2015년 10월부터 다시 납부해 온 금액이다.

2. 무역학과에서 광고회사 직원이 되다

요즘 유튜브, 페이스북 등 소셜미디어 채널을 통해 교육 관련 강의에 대한 광고가 많이 노출되고 있다. 필자의 경우, 2030세대가 인스타그램을 많이 사용하고 있다고 하여 그 채널을 가지고 있으나 우리 또래들이 익숙한 페이스북 채널을 자주 보고 콘텐츠를 업로드하는 편이다.

어느 날, 평소처럼 페이스북을 보고 있었는데, "경매를 통해 내 집 마련이 가능하다"는 광고 문구가 담긴 영상이 눈에 들어왔다. 20여 년간

'광고쟁이'로 살아온 내가 이렇게 한순간에 자극적인 카피와 영상에 낚이다니 놀랍기만 하다.

나는 세일즈 프로모션 기획부터 운영, 전시행사, 삼성에프엠닷컴배프로야구2000, 렉서스 론칭, 국제컨퍼런스, 이벤트, 한중일화개장터 등 많은 행사를 기획하고 운영했던 경험을 가지고 있다.

고려대학교 무역학과 마지막 학기를 다니면서 관세사 공부를 하던 중 2차 시험의 낙방으로 인생의 진로가 바뀌게 되었다. 그 시절 취업 방향을 어떻게 정해야 할지 고민이 많았다. 결국 MBC아카데미 이벤트 PD 학과에 입학하게 되었다.

거기서 같은 또래의 친구들을 만나게 되었고 수업 중 강사로 출강하신 이벤트 회사 대표님 눈에 띄어 이벤트 회사에 취직하게 되었다. 필인코리아의 정의석 대표님이었다. 회사는 청담동에 위치하고 있었으며, 3개월간 수습사원으로 근무한 후 정직원으로 출근하게 되었다.

그 시절 선배들은 그야말로 '꼰대'였다. 나는 선배들의 책상 청소를 도맡아야 했다. 나의 사수인 서 팀장은 제시간에 출근하는 법이 없어 그를 깨우기 위해 집까지 찾아갔던 생각이 난다.

3. 유튜브 광고를 보고
　　경매 강의료를 지불하다

　　유튜브 광고를 보고 웰클(wealth class)의 임경민 교수님 강의를 알게 되었다. 임 교수님의 강남 교육장 오프라인 강의료는 무려 350만 원이었다. 나는 무엇에 홀린 듯 그 광고 영상에 귀를 기울이게 되었고 선착순 할인 전략에 낚여 카드 결제를 하고 말았다. 미끼 마케팅(로스리더 마케팅)을 가리키던 내가 결국 덫에 걸렸다.

　　물론 이전부터 홈쇼핑에 자주 낚여 안 사본 것이 없었다. 프라이팬부터 아디다스 골프바지 3종 세트, 탈모방지 기능성 샴푸, 최근엔 건강기능식품을 구매했는데 나중에 알고 보니 함량 미달이었다. 그래도 매번 또 낚여서 구매하는 것을 반복했다. 쇼호스트들의 말솜씨는 정말 인정할 만하다.

　　마케팅 대행사를 거쳐 커피 프랜차이즈 본사에서 홍보마케팅, 디자인, 브랜딩을 핸들링한 내가 결국 소비자가 되어서 낚인다는 사실에 헛웃음만 나왔다. 결국 나도 평범한 소비자일 뿐이었다.

4. 오프라인 경매 공부를 시작하다

경매 강의는 오프라인과 VOD(녹화강의) 수업으로 구분되어 있었고 주 6일 수업 일정이었다. 첫 시간부터 이론이 아닌 실전으로 바로 들어갔다. 경매 사이트를 활용하여 물건을 분석하는 방법이었다.

처음이라 경매 용어가 낯설었다. 그래도 임 교수님이 VOD를 올려주어서 안심하고 들었다. 복습이 가능하다는 생각과 그 강의를 평생 들을 수 있다는 생각으로 이해는 잘되지 않았지만 계속 강의를 들었다.

이렇듯 평생회원제를 홈쇼핑 채널에서 판매했던 공인중개사 상품이 있었다. 박문각, 에듀윌이 대표적이다. 지금은 홈쇼핑 채널에서 볼 수 없다. 이렇듯 한국은 유행에 민감한 나라이다. 다른 나라에서 찾아보기 힘든 특이한 경우다.

학생들을 가르치면서 이런 트렌드 분석을 바탕으로 정보를 제공한다. 창업 트렌드, 패션 트렌드, 기술 트렌드, 미래 트렌드 등 이런 트렌드 교육으로 매번 실험적인 해외 선진 기술과 트렌드에 관심이 있다.

올해는 세계적인 가전 전시회인 CES 2025의 주제와 테마, 비전과 가치를 벤치마킹하여 학생들에게 설명해 주었다. 라스베이거스에서 매년 1월에 열리는 글로벌 전시회인데 나는 돈이 없어 현장을 가보지 못하고 다녀온 사람들의 영상과 블로그를 보고 학생들을 가르쳤다.

5. 경매 공부를 하면서 얻은 것

지지옥션과 스피드옥션을 통해 물건 분석을 하는 방법을 배울 수 있었다. 색다른 채널들이었다. 하지만 경매를 준비하는 사람들은 이 유료 사이트를 많이 이용한다. 임 교수님은 스피드옥션 3개월 무료 회원권을 제공해 주셨지만, 강의는 지지옥션으로 하셨다. 처음에는 고민했지만 월 사용료가 비싼 지지옥션을 선택했다. 이유는 교수님 수업을 잘 이해할 수 있었기 때문이다. 지금도 이 지지옥션의 월 사용료를 내고 있다. 수도권 지역 검토 시 월 65,000원을 납부하고 있다. 이것이 바로 구독료 비즈니스 모델이다.

내가 학생들에게 가르치는 비즈니스 모델의 종류 중 구독경제의 비즈니스 모델이다. 거기에 나도 낚여서 살고 있다. 내가 사용하고 있는 정기 구독 서비스는 유튜브 프리미엄 서비스, 쿠팡 월결제, 토스, 넷플릭스, 보람상조, ChatGPT 등이다.

이렇듯 우리는 알게 모르게 마케팅에 속아 매월 구독료를 지불하고 있다. 대표적인 것이 핸드폰 요금이다. 꾸준히 월 99,000원씩 내고 있다. 최근에 국민은행에 면접을 보러 갔는데 직원들이 전부 알뜰폰과 알뜰 요금제를 사용하고 있어 놀랐다. 나도 이제 알뜰 요금제로 바꿀 생각을 하고 있다.

6. 2013년 첫 경매에 도전하고 낙찰을 받다

난 예지력이 있는 것 같다. 과거 오피스텔 경매를 낙찰받은 경험이 있다. 앞으로 1인 가구가 증가할 것이라는 인구통계학적인 분석을 바탕으로 오피스텔 경매를 시작하게 되었다.

물론 그때도 돈이 부족해 결국 낙찰받은 오피스텔을 매각할 수밖에 없었다. 지금 용산의 그 오피스텔 매매가는 무려 10배나 올랐다. 그곳을 지나갈 때마다 마음이 아팠다.

부동산 여실장과 사장님의 거짓말에 속아 팔았다. 지금도 이런 아픈 경험 때문인지 부동산의 여자 사장님과 거래를 하지 않으려 한다. 남자 사장이 더 편하고 소통이 쉽다. 여성들은 이상한 커뮤니케이션을 한다. 난 알아듣지 못하는 게 많다.

그때는 두 번째에 낙찰을 받았다. 운이 좋았다. 그 경매물건은 강남역 리츠칼튼 호텔 맞은편에 있는 오래된 오피스텔이었다. 직접 임장을 가보았는데 오래된 곳이었지만 위치가 마음에 들었다. 낙찰만 받는다면 회전율이 좋을 거라는 확신이 들었다. 강남역 리츠칼튼호텔 바로 앞인데 회전율이 나쁠 리가 없지 않을까?

낙찰받은 후 명도를 진행하고 월세를 놓았다. 그때 알았다. 세입자를 잘 두어야 한다는 것을 말이다. 월세를 자꾸 늦게 주던 대전 세입자 딸들의 어머니는 지금도 잊을 수 없다. 계약 만료 후 클레임을 걸어 이사비용까지 받아 챙겨 나갔다. 대단한 아주머니였다. 한 수 배웠다. 두 딸도 그 어머니를 빼다 박았다. 집을 비운 뒤 청소하려고 가보니 그야말로 가관이었다. 반려견들이 벽지와 바닥을 찢어놓은 상태였다. 그 모습을 보는 내 마음도 찢어졌다.

그 일 때문인지 이후로는 월세를 받지 않고 바로 매각해 버렸다. 그것도 헐값에, 부동산의 농간에 놀아난 셈이었다. 그 부동산, 지금도 거기 그대로 있다. 나는 부동산이 싫다. 너무 속 보이는 거짓말을 많이 한다. 그리고 여자 사장님들의 말 많고 이상한 소통 방식이 싫다.

7. 권리 분석은 내가 아는 지역부터 하라

상권 분석, 물권 분석은 내가 잘 아는 지역에서 할 것을 추천한다. 왜냐하면 그곳이 오랫동안 자신이 보아왔던 곳이라 상권 분석이 어렵지 않기 때문이다. 인구통계학적 분석, 교통 편리성, 입지요건, 회전율 등을 쉽게 알 수 있는 곳이다.

나도 마찬가지로 내가 사는 고양시를 배경으로 물권 분석을 하던 중 강제경매가 아닌 임의경매 물권을 보고 권리 분석에 들어갔다. 내가 확실하다는 생각을 한 후 경매 교수님의 최종 리뷰와 컨펌을 받은 후 입찰을 결심하게 되었다.

입찰을 결심했다면 입찰일과 경매법원을 체크해야 한다. 언제, 어디서 경매가 진행되는지를 알아야 한다. 그다음 입찰보증금이 얼마인지 파악하고 현금 준비가 가능한지 체크해야 한다. 앞서 말씀드렸듯이 나는 청약통장을 해약한 1,700만 원과 그동안 모아둔 약간의 현금을 보태 입찰보증금을 수표로 찾아놓고 경매장으로 향했다.

8. 낯선 경매장과 입찰 진행

고양 일산에 있는 의정부 관할 경매장에 도착했다. 자동차로 이 주변을 자주 지나다녔지만, 이곳에 경매법원이 있는 줄은 몰랐다. "가까운 곳에 답이 있다"는 말이 떠올랐다.

법원에 도착해 안으로 들어가니 아주머니들이 신문 같은 것과 명함을 나누어 주셨다. 알고 보니 그건 신문이 아니라 당일 경매물건 리스트였다. 나는 우선 게시판에서 내 물건에 대한 취소 여부를 체크했다. 이런 것은 경매학원에서 현장 견학을 통해 학습한 내용이었다.

일찍 도착해서 오랜 시간을 기다렸다. 다음에는 시간에 맞춰가야 할 것 같다. 일찍 가서 좋은 것은 자동차 주차가 편리하다는 것이다. 늦게 가면 주차하기가 어렵다. 나는 항상 약속 1시간 전에 도착하는 습관이 있어 1등으로 법원에 도착해 있었다.

주차한 후 스타○○ 카페에서 모닝커피를 마시며 오늘의 물권에 대한 가격 분석을 시작했다. 스타○○는 내가 자주 이용하는 곳이다. 과거 카페드○탑 홍보마케팅 팀장 시절 스타○○에 대한 벤치마킹을 많이 했다.

그 시절 나의 주장들은 카페○네 출신들이 짓밟아 버렸다. 그 친구는 잘 지내고 있을까? 회사에 다니다 보면 일은 하지 않고 정치만 하는 사람들이 많다. 나는 그런 친구들과 자주 부딪쳤고 결국 내가 졌다. 아픈 기억이다. 하지만 난 당당했다. 내 주장이 옳다는 것을 시간이 지난 후 그들도 알게 될 것이기 때문이다.

9. 권리 분석 후 입찰가 결정의 프로세스

학원에서 가르쳐 준 방법대로 물권에 대한 권리 분석을 완료한 후 이제 경매법원에 와서 입찰보증금을 제출한 후 낙찰가를 결정하는 일이 남아있었다. 이것이 가장 중요하다. 낙찰예상가를 결정하는 것. 다른 국가 입찰에서도 마찬가지로 예정가격을 써서 제출한다. 이렇듯 경매도 투찰 가격을 적어내고 그 가격을 바탕으로 고가자가 낙찰을 받게 된다.

나의 물권은 2021년에 건축된 다세대주택으로, 감정가 334백만 원, 최저가 163백만 원, 입찰보증금 16백만 원, 토지면적 30.3평, 건물면적 20.9평, 3층 301호였다. 방 3개에 거실이 있는 그런 우리식 다세대 구조였다. 나는 고민했다. 투찰가격을 어떻게 써야 할지 분석하기 시작했다.

10. 입찰가격 결정의 노하우

나는 한때 마케터로 일했다. 카페드○탑에서 신메뉴를 개발하면 나는 상품기획을 하고 최종 소비자 가격을 책정하는 일을 했다. 거기에 원가와 마진을 포함시킨 최종소비자가격이 형성된다. 물론 신제품 론칭 가격도 결정하지만 세일즈 프로모션 때 가격할인, 심리가격, 단수가격 등 마케팅에서 배운 내용을 프로모션에 활용한다.

이번도 마찬가지였다. 단수가격이었다. Odd Price(단수가격) 전략이었다. 나 말고 다른 사람들은 얼마를 적어낼까? 그게 관건이었다. 경매 진행과정에서 30% 다운된 금액은 233백만 원이었다. 그럼 그들은 가격은 어디까지 적어낼까? 아마도 233백만 원선일 것이다. 234백만 원까지는 못 써낼 것이다. 깜냥의 법칙이 적용된다. '그래 결정했어. 234백만 원에 1백만 원 더 붙이자. 누군가 234백만 원을 쓸 수도 있으니 거기에 1백만 원 더 쓰면 내가 낙찰받을 수 있으니까!'

11. 낙찰자 호명의 순간

내 경매물건에 대한 사건번호 순서에 첫 호명자가 최종 낙찰자라는 것을 알고 있었다. "사건번호 고양4계 2024타경 7372다세대 물건에 대한 투찰 결과를 발표하겠습니다." 이때가 가장 긴장된다. '내가 첫 번째 호명

되어야 하는데….' 가슴이 두근거렸다. "이름을 부르겠습니다. 오승택(1등), 김○○(2등), 박○○(3등) 앞으로 나와주세요." 정말 기분이 최고였다. 어떻게 표현하지 못할 정도였다.

미안하기도 하면서 다들 나를 부러워하는 눈초리였다. 내가 15:1의 경쟁률을 뚫었다. 나는 역시 싸움은 못 하지만 머리로 이기는 방법을 아는 것 같다. 근데 왜 어린 시절 내 어머니는 나를 돌대가리라고 불렀을까? 어머니한테 말하고 싶다. "난 돌대가리가 아니에요. 예체능 쪽에 자질이 있는 아이였단 말이죠."

사람은 모두 타고난 재능이 다르다. 그것을 인정하고 합당한 보상이 이루어질 때 우리나라가 성장할 수 있다. 더 이상 한 방향의 교육 시대는 끝났다. 박진영은 '딴따라', 나는 '또라이'이다. 또라이는 창의력을 가지고 있는 사람들이다. 향후 미래는 이런 또라이 인재들이 선도할 것이다.

저자소개

오승택 OH SEUNG TAEK

학력
- 상지대학교 경영학 박사
- 숭실대학교 경영학 석사
- 고려대학교 무역학과

경력
- 현) 강남대학교 겸임교수
- 현) 인폼더리어 대표컨설턴트
- (재)서울창조경제혁신센터 책임
- 서울청년창업사관학교 교수
- (재)인천창조경제혁신센터 책임
- 중소기업진흥공단 서울지역본부

자격
- 경영지도사
- 기술거래사

- 브랜드관리사 1급
- 창업지도사 1급

저서
- 《4차 산업혁명 시대 AI 블록체인과 브레인경영》(공저)
- 《경영기술컨설팅의 미래》(공저)
- 《창업과 창직》(공저)
- 《재취업전직지원서비스 효과적 모델》(공저)
- 《공공기관 합격 노하우》(공저)
- 《인공지능 사회 안전기술과 안전경영》(공저)

수상
- (재)한국청년기업가정신재단, 멘토링 우수상, 2021.
- (재)강원창조경제혁신센터, 올해의 멘토상, 2022.

5장 전현주

부자 인생을 위한 의식과 성공 노하우

I. 부자는 성장하는 과정이다

부자에 대한 최초의 열망은 오래전 6살, 어린 나이부터 시작되었다. 우리 가족은 온통 숲으로 둘러싸인 서울 변두리의 가난한 동네, 수락산 자락에서 살고 있었다. 수락산은 계절마다 방송국 촬영팀이 영상 촬영을 하러 올 만큼 자연이 아름다운 곳이었다. (공간, 터에 대한 기억)

집을 내어주신 주인집 할머니는 늘 곱게 한복을 차려입으셨다. 반짝이는 브로치로 저고리 옷깃을 여미셨고 하얀 버선발이 유난히 단아하고 예쁜 분이었다. 그 시절 보기 드물게 웨이브 파마에 짧은 커트 머리를 깔끔하게 하셨다. 혼자 지내시면서도 늘 입가에 엷은 미소를 머금은 서울 말씨의 주인집 할머니에 대한 기억이 선명하게 떠오른다. (특별한 존재에 대한 기억)

젊은 시절의 아버지는 방 윗목에다 이불을 얹어두는 검은 괘짝 하나를 매우 소중하게 보관하셨다. 아버지는 집에 계실 때 흰색 반팔 러닝 차림이었다. 내 기억 속에는 밥을 해주시던 엄마의 모습은 없다. (가장 가까운 부모님과의 애착에 대한 첫 번째 기억)

세를 살았던 1년여 세월 동안 주인집 할머니의 사랑을 듬뿍 받았다. 나는 곱상하고 친절한 주인집 할머니네 마루에서 살림살이 구경하는 것을 좋아했다. 우리 집에 없는 살림살이를 보면서 경이로운 눈을 키웠다. 마당이 아담한 기와집, 거실 마루에는 화사한 그릇이 진열된 찬장과 전축이 있었고 안방 한편으로는 빨간 재봉틀이 자리 잡고 있었다. (부자를 상징하는 당시의 귀한 재물에 대한 기억)

햇볕이 따사로운 오전, 마루에 걸터앉아 주인집 할머니와 음성이 걸걸한 고○○와 장○○의 만담을 즐겨듣던 기억이 떠오른다. 대여섯 장의 레코드판 중에서 가끔은 미국 흑인의 재즈 음악도 들을 수 있었다. 그리고 가끔은 나도 모르게 귓가에 맴도는 노래가 있다. '니나노 닐니리아', '날 좀 보소', '성주풀이' 같은 민요풍의 우리 소리이다. (해학적 소리를 활용하는 부자의 오락문화에 대한 단편적 기억)

주인집 할머니 친구들이 방문해 오는 날이면 마루에서는 서울 말씨가 더 행복하게 들려왔다. 할머니는 민요 레코드판을 틀어놓고 나비같이 버선발로 사뿐사뿐 접어들며 춤을 추셨다. (일상생활에서 도모하던 자연적인 기쁨, 신체활동에 대한 기억)

매일 오전이면 들리던 주인 할머니네 전축 소리가 안 들릴 때도 있었다. 할머니가 편찮으신 날은 마루도 조용했다. 그럴 때면 아버지께서 노란 손잡이 드라이버를 들고 주인집 할머니네 마루로 건너가서 전축을 고쳐드리곤 했다. 우리 아버지가 그때 어떤 직업을 가지고 있었는지는 전혀 들은 바가 없다. 주인집 할머니네 정갈한 마루와 살림살이에 대한 기억은 6살 여자아이의 가슴 속에 동경(憧憬)으로 자리 잡았다.

(1) 부자로서의 삶의 자세

1) 흔들리지 않고 부자의 씨앗 모종하기

부자(富者)의 인생에서 핵심은 '현재의 나는 부자인가? 부자로 살아가고 있나? 정말 부자의 살림이라고 할 수 있나? 구체적으로 부자가 되기 위해 무엇을 어떻게 하였나? 그렇게 한 후 언제부터 부자가 되었나? 그렇다면, 부자이기에 어떻게 행동하고 있나?' 하는 것이다.

6살 이후 아버지의 직장 이동으로 인해 부산으로 이사하게 되었다. 나는 베레모에 교복을 입는 복장이 멋있는 초등학교에 다녀야겠다며 엄마를 졸랐다. 당시 부산의 중심지 서면, 그 유명한 부산상고 옆에 있던 초등학교로 전학하였다. 초등 4학년 때까지 부산에서 살았다.

그런데 초등학교를 졸업하기 전, 5학년 초봄에 다시 서울로 전학하게 되었다. 인생에서 받침돌이 될 기초교육을 하는 초등학교를 3번이나 옮겨가면서 수학하였다. 이후 성장하면서는 서울에서 계속 살게 되었다.

대학을 졸업한 이후에야 은행원이던 아버지 명의로 된 집을 겨우 장만했다는 소식을 전해 듣게 되었다. 드디어 아버지 집이 생겼다. 결혼 전에도, 결혼한 후에도 나의 삶을 영위해 오면서 얼마나 소원하던 꿈이었던가? 언제 우리 집에서 살 수가 있을까? 친정 부모님과 나는 기본적인 사고가 똑같았다. 아니 내가 성장하던 시절, 부자라면 마땅히 자기 명의로 된 주택에서 사는 것이 세상 사람들의 인식이었다.

나에게 부자는 꿈이자, 목표이고, 삶에서 필연적인 과제이다. 부자로 살아야 한다. 부자가 되기 위해서는 열심히 살아야 한다. 부자 인생이 되려면 무엇보다도 성실해야 한다. 무의식 속에서도 부자가 되려는 의식을 저장해야 했다. 잠자리에 누워서도 부자가 되는 꿈을 꾸려고 노력했다. 돼지꿈, 불꿈. 6살, 기억나는 어린 시절부터 나의 부모님은 부자라는 참으로 단단한 목표를 부여해 주셨다. 부자의 꿈은 눈물겹다. 부자 인생의 목표는 '창대한 바다 같다'는 생각이다.

스무 살 초, 결혼 상대로 파트너를 잘 선택한 결과였다. 일찌감치 찾아온 부자의 꿈은 서서히 결실을 보이기 시작했다. 직장인이었던 남편이 모험적으로 사업을 시작한 이후였다. 30대 초부터, 내가 초대해 온 부자 인생의 대운이 조금씩 문을 열고 나에게로 찾아왔다. 감격스럽게도 주변 사람들에게 부자가 되어서 좋겠다는 부러움의 인사를 받게 되었다. 물론 주인공은 내가 아닌 아이들의 아빠였지만, 나는 충분한 혜택을 받을 수 있게 되었다.

30대 중반, 드디어 내 명의로 된 아파트를 소유하게 되었고 여태까지 세금을 내고 있다. 처음에는 시모의 반대로 내 명의로 된 주택이 결코 쉽지 않은 결정이었지만 의도하지 않게 부자 인생의 서막을 열게 된 것이었다. 사업의 발전을 위해 임시로 명의를 양도한 결과였다. 얻어걸린 결과였다. 이런 것을 '행운은 주인공을 찾아서 봄바람처럼 왔다'라고 해야 하지 않는가? 사업자였던 파트너의 성공적 경영 상황으로 초래된 결과였다.

우연하지 않게 젊은 새댁은 그렇게도 목이 메도록 그리던 버킷리스트를 가장 쉽게 달성하게 되었다. 꿈에도 그리던 부자 인생의 목표와 꿈꾸던 결과로 대주택의 소유자가 되고 말았다. 그 시절만 해도 나는 삶의 열정만 충만할 뿐, 의지가 별로 없었다. 부자 파트너의 경제적 여건을 충분히 살리거나 투자할 의식 따위는 매우 미온적이었다. 부자 인생을 가꾸며 살아갈 주인 의식이 부족했다.

너무도 무지했다. 인생에서 결정적 대운으로 다가온 부자 목표로서의 집을, 그토록 그리던 내 집을 소유하게 되었어도 나는 주인님을 모시는 하녀에 머무르며 의식이 하수(下受)였다. 매우 수동적이었다. 내 명의로 설정되어 있던 집, 부동산의 등기권리증을 알지 못했다. 아이들을 키우고 충실하게 집안 살림에만 안주하는 젊은 엄마였다. 경제적 주체로서는 활동도 없고 투지도 없었다. 지금 생각해 보면 꿈속에서만 열망하던 어리석은 사람이었다.

다만 이 세상에 호기심이 너무 많아서 마을문고를 드나들며 책 읽기에 열중했다. 여러 방면의 책을 탐독하던 그 습관만은 스스로 칭찬할 만한 일이다. 아이들을 양육하던 이 시기에, 내 인생은 오래도록 견디어 낼 수 있는 의지를 요구하고 있었다. 원하는 것을 이루기 위해 어떤 것이라도 시작한다면 끝을 보고 완성해야만 한다는 사실도 깨닫게 되었다.

부자 인생의 기반인 내 집 관리를 위하여 반드시 다른 세입자를 초대해야만 했다. 집의 안전을 보장하기 위한 관리자로서 역할 수행을 하게 된 것이다. 오래도록 잘살 수 있는 부자의 시간을 수행하기 위하여 강력한 리더십이 필요했다. 과감하고도 혁신적인 변화를 위해 역할을 주도하여야 했다.

부자로서의 근성을 확보한다. 이것은 몹시 겁이 나는데도 불구하고 의지력을 발현하는 탄력적인 역할작업이다. 주택 임대를 원활하게 도모하기 위하여 먼저 필요한 것은 '용기'라는 모종이었다. 완전히 100% 내성적인 나를 마땅히 자신감으로 보전해야 한다. 부자 인생을 키우기 위해 반드시 이루어 내어야 성공한다.

좋은 세입자를 모시기 위해 부동산 중개업자의 도움을 받아야 한다. 나의 요구에 잘 맞는 중개업자를 물색하는 것은 나의 역량이다. 기다리고 있을 수만은 없다. 거주기한이 급하고 아쉬울수록 부지런히 다녀야 한다. 주거 안전에 철두철미한 임대인이라는 신임과 동시에 다수의 건물주로서 거래하고 싶은 고객이 되어 주권과 명함을 확보해야 한다. 그들에게 내 집이야말로 최고로 안전하다는 믿음을 명확하게 전달해 주어야 한다. 안전한 가옥, 내 집에 거주하는 동안 발생하는 불편함은 온전히 다 해결해 줄 것이다.

부자 인생이 되려면 좋은 씨앗을 우선으로 확보하지 않으면 안 되는 것과 같다. 좋은 열매를 수확하기 위해서, 부자를 위한 우량 씨를 뿌리는 모종 행위는 성스러운 의식이다. 나의 부자 인생은 로또처럼 성큼 내 곁으로 찾아왔다. 갑자기 다가오며 터져버렸다. 그러나 부자로 살고 싶다는 간절한 바람에도 불구하고 나의 부자 행보는 천천히 진행되었다. 아주 오래도록 인내를 요구했다. 나를 이해하고 탐색하는 일이 더 중요하다고 생각되었다.

2) 부자로의 도전과 인내심

얼마면 되겠니? 부자의 기준은 무엇일까? 보유주식? 가족들 각자의 명의로 예금된 재화의 총액수일까? 선진금고에 저장된 귀금속, 금바, 은, 구리, 소유하고 있는 총량일까? 부동산의 산정금액일까? 권리를 주장할 수 있는 몇 채의 주택일까? 고리대금을 할 수 있을 만큼 상인의 전대 속에 쌓이는 손때 묻은 현찰? 담보든, 담보가 없더라도 신용으로 대출받을 수 있는 능력일까? 갚고 있는 대출금의 총액일까?

우리 집에는 어느 때부터인지 가정에 금전 기운을 듬뿍 가져다준다는 금전수(부자(富者)나무, 돈나무)를 키우고 있다. 햇볕 한 줄기에도 잎사귀가 윤기로 반짝일 때 부자 에너지를 듬뿍 받는다고 생각하였다. 금전수에 대한 사랑은 나뿐만이 아니라는 것도 인식하고 있다. 어느 기관의 건물이든 타인의 집, 카페나 상가에서도 쉽게 볼 수 있는 전 국민의 애정수(愛情樹)이다.

우리는 부자 인생을 추구하고 있었다. 태어난 이상 부자로 살고 싶은 열화와 같은 꿈과 목표가 있다. 이제 다주택을 소유하고 있는 중년기가 되었다. 정년퇴임을 하였으니, 정확히 언급한다면 노년기 초입에 있다. 거울을 마주치지 않는다면 인정하고 싶지 않은 나이이다. 내 안에는 여전히 열정이 존재하고 있다. 이제 탄성이 넘쳐도 한 가지 일에만 집중하고 욕심보다는 여유로움을 누리며 역할 수행을 하고 있다.

늘 주인집 할머니네처럼 부자를 동경하던 6살 여자아이는 여왕이 되었다. 몸과 마음이 부자로 살아가는 일에 매우 집중하였다. '이왕 80년 인생을 사는 것, 나도 부자가 되고 말 거야. 부자가 되어서 가지고 싶은 것, 하고 싶은 것, 그냥 다 하면서 사는 거다. 아버지처럼 재능 낭비를 할 수는 없잖아. 그렇게 허약하게 살지는 않을 거다.'

그렇게까지 다짐할 것은 아니었다. 한 번도 부자 인생이 되어보지 못하고 분노, 비통하던 아버지의 부정적인 감정을 이해하려 하면서 내 삶에 욕심이 없었다고는 말할 수 없다. 실은 나는 욕심이 없다고 생각하고 살았다. 내 마음이 이끌리는 대로 취했다 버리기도 하고, 내 마음이 끌어당기는 대로 좋아하는 일을 해오며 살아왔다.

아버지께서 감기로 1주일 만에 급작스럽게 돌아가시고 난 후에야 살아있는 것은 행복하다는 것을 온전하게 인식하게 되었다. 곧 내가 욕심이 너무 많은 사람이란 것을 알게 되었다. 파트너로부터 얻은 행운, 부자 타이틀을 생각하면서 얼마나 부단히 노력을 하면서 살았던가? 로또처럼 내 앞에 성큼 다가왔던 부자 인생을 지키기 위해, 부자로 의식하기 위해 어떻게 행동을 하였던가?

참으로 고된 시간이었다. 부자 인생을 지키기 위하여 늦은 나이에 공부를 시작했다. 부자 인생을 지키느라 깨닫게 된 나에 대한 이해, 여리고 사랑 많은 심성을 알아차렸다. 혹독한 수업을 감수하며 강호에서 도달하게 된 실력은 부자 인생에 긍정적인 힘을 수반하게 하며 마법의 힘을 발휘하게 한다.

부자 인생의 수행은 자기 전에 하루의 정리로써 시작되었다. 늘 내일을 위해, 정할 순서대로, 차례로 메모했다. 고정적인 것은 안되고 순간적으로 상황을 위한 흐름도 상상해 보았다. 얽매이지 않고 가능성에 대한 전망을 전략화하였다. 다양한 시나리오를 만들어 놓고 잠이 들었다.

낙천, 나의 또 다른 이름 '전낙천'은 시나리오를 너무도 풍부하게 만들도록 자극했다. 다음 날, 또다시 부자 인생을 지키고 다스리기 위하여 현금자산에 대한 카드 활용과 낭비에 대비해 실수하지 않도록 현금수익을 계획했다. 대소사 집안일을 위해서 반드시 수행해야 하는 지출에 대해서는 그다음 날이 되어서도 시간에 맞추어 카드를 사용하여 계획한 일을 실수 없이 진행할 수 있도록 차분하게 평가했다.

정월에는 1년 동안 목표달성을 위한 생각으로 달력을 보면서 기록하고 조목조목 대상을 생각하면서 고민하였다. 간경화를 앓고 계시는 시모를 봉양하기 위해 맏며느리로서의 부자 인생은 결과이기 전에 삶의 과정이었기 때문이다.

내가 부자 인생을 위해 당면해야 할 가장 가까운 전장이 어디인지 늘 생각했다. 아이들을 키우면서도 자성예언(自省豫言)으로 부끄럽지 않을 만큼 행동했다. 충실한 엄마가 되기 위한 삶도 부자 인생의 필수 과정이며 인내의 시간이다. 집안을 위하여 노력했다. 부자 인생은 나 하나만의 삶의 시간이 아닌 가족들의 안전한 삶의 보금자리를 위한 데이터를 구축하고 다지는 현장이라고 생각한다. 가족을 위한 재정의 원활한 사용, 중요한 집안일에 쓰일 자본 운용을 위해 받침돌 초석처럼 기초를 쌓아가는 성장과 도약의 과정이다.

그리고 전략을 바꾸었다. 금전 이상의 것을 부자 인생의 핵심으로 생각하게 되었다. 마흔두 살에 이모작으로 시작했던 '사람'에 대한 관심을 학문으로 선택하였다. 그 결과로써 지속할 수 있는 직업으로 도전하면서 용기를 발휘하고 인내심으로 성장하게 되었다.

이제는 하수가 아닌 고수(高手)가 되었다는 생각을 해본다. 심리 전문 상담사, 임상심리사로 활동한다. '그냥' 무턱대고 무조건하다가 '그냥' 이 자리에 온 것이 아니다. 명확한 목적의식을 가지고 목표를 향해 꾸준하게 유지해 왔다. 집중할 수 있는 일로써 직업에 투자하고 있다.

부자(富者)란 우리 사회에서 활용할 수 있는 능력임을 의미한다. 누구나 부자로의 도전은 가능하다. 꼭 사용해야 할 일에는 여지를 두지 않는다. 하고 싶은 것을 위해 조금은 과감하게 쓸 재정적 여건이 만들어졌다. 다 가지고 싶고, 사고 싶고 필요하다면 카드를 꺼내서 사용한다. 좋아하는 이들을 위한 선물을 구입한다. 그러나 부자 인생을 유지하기 위한 필수의 행동은 '과소비 체크리스트'이다.

열정적으로 목표를 향해 달려가는 나는 소비에도 과욕을 부릴 때가 많았다. 소비에 집중하는 것을 조절하는 정신도 '도전력'이라고 말할 수 있다. 이런 소비 에너지를 잡아끌고 견제하는 '인내심'은 '창과 방패'이다. 그래서 월급을 타거나 어떻게든 목돈이 생길 때 일차적인 행동은 무조건 저축을 하는 것이다. 부자 인생을 유지하려는 데 가장 힘든 한계점이더라도 우선으로 수행해야 할 중요하지만 당연한 과정이다.

부자 인생을 다스릴 때 '비전'을 떠올리게 될 절세는 '행복점'의 극치라는 생각이다. 절세를 생각하면서 영수증도 열심히 챙겨본다. 연말 정산에 꼼꼼하게 대비하기 위한 것이다. 받을 수 있을 만큼의 보장 혜택을 누락하지는 않고 있는지, 저축예금 상품 종류를 탐색해 보는 것도 상식이다. 비과세 상품은 무엇이 있으며 1년 기준으로 얼마의 혜택을 받을 수 있는지도 점검한다.

연말이 가까울수록 바쁘게 저축예금 목록도 정렬해 본다. 참고로 10여 년 전쯤에 개인적인 투자로 주식에 매진하다 처참한 마이너스를 경험하고 상처를 받았던 기억으로 스트레스가 작동되기에 주식 종목에는 관심을 두지 않는다. 매년 1월은 총수입에 대한 부가가치세 신고를 해야 하는 달이다. 5월에는 종합소득세를 신고한 후 세금 납부를 해야 한다는 사실을 잊지 않고 수행해야 한다.

앞으로의 부동산 경제에 대한 정세가 매우 부정적이다. 매스컴이나 인터넷에는 주택 경제로, 일본의 사례를 집중하여 보도하고 있는데 예의 주시 중으로 관심 있게 살피고 있다. 지금은 다주택자로서 주택 임대사업자로 등록 중이다. 전철역 근처에 나만의 오피스텔을 소유하고 있다. 서울권역이 아니므로 역세권이라고 생각하지는 않는다. 그래도 2만 세대 이상의 대규모 지역이라 선택했다. 온전한 휴식 시설과 편리성을 위한 사업장 용도, 심리연구소로 이용하는 공간이다.

다주택 부자로서의 관심사를 생각하고 정리해 본다. 두서없이 생각나는 대로 적어본다. 재정에 대한 경제뉴스를 중점화하여 관심 있게 주시해야 할 것 같다. 관공서의 동향과 지속적인 경제 정책의 뉴스, 취득세, 양도세, 단골 세무사, 주택 등록, 설비업자 전화번호, 공동건물 소유주들과의 단결과 협력으로 대처 행동과 컨택트 활동, SNS 활용, 임대정보. 부자 인생을 지속하기 위한 열린 의식의 행위들이다. 매일 자기 전, 가계부에 수입과 지출을 정리하는 세밀한 일기식 메모 장인이다.

아침이면 뉴스 보도를 통하여 정치경제 소식을 접하면서 부자의 시간을 의욕적으로 다짐해 본다. 근거와 논리에 부자 인생을 구축하기 위한 의지의 장면이다. 산업 종목에 대한 주식지수를 돈 버는 선택과 돈 날리는 선택에서 확신을 위해 고민해 본다. 돈을 벌기 위해서는 선택이 아닌 필수의 주식시세도 관찰해 본다. 매입도 하고 저항하는지 뚫을 수 있는지 손실에 대비할 수 있는지, 금액들을 돌파하나, 못하나에 변곡점을 평가해 본다.

그런데 우리가 추구하는 부자는 선택이 아닌 필수요건으로 원하는 것인데도 불구하고 큰 부자는 아무나 취하는 것이 아니다. 누구나 부자가 되는 것은 결단코 아니다. 부자는 용기를 지녀야 하며 지속적인 행동으로 도전해야 한다. 인내심이 없다면 결단코 내 앞에는 있을 수 없다. 그런데도 믿음으로 투자하고 싶다.

그러함에도 내 인생에서 야무지게 파트너와 협력하여 이룬 것, 역사적인 사실이 있다. 아빠와 두 아들, 삼부자(三父子)를 가족으로 엮었다. 삼

부자로서 절대적인 관계를 엮고 말았다. 다만 개인 수준에서의 여유를 누릴만한 화합의 시간이 온전하게 보장은 되지 않은 상태이다. 표현하건대, 내게는 재정적으로 넉넉한 재화는 여전히 존재하지 않는다. 그러나 우리가 아닌 '나'로서는 부자 인생이라고 자부하며 삶의 현장에서 자율적으로 임하고 있다.

(2) 부자 인생 속에서 컬러 의미와 힘

성공은 명확한 꿈과 목표에서 시작된다. 부자의 꿈과 목표는 단순한 바람이 아니다. 열렬한 소망이 되어야 한다. 불타는 듯한 열망이 있어야 한다. 부자의 꿈과 목표가 명확하다면 부자의 습관과 행동으로써 기적처럼 반드시 이루어진다. 부자는 깊은 내면 속에서 갇혀있던 힘을 발휘한다. 힘을 발휘하기 위해서는 공부해야 한다. 공부는 냉철한 투자이다. 죽을 때까지 건강과 공부에 투자하는 것이 부자 인생이다.

1) 부자 심리의 컬러 해석[1] Black

우리는 날마다 잠자리에 눕는다. 누구나, 모두는 꿈을 꾼다. 검정색 꿈속을 걸어 다닌다. Black 꿈은 공포 속에서도 호기심을 느끼는 마음이다. 너무도 매력적이며 헤어나올 수 없다. 깊은 무의식 속에 의식이다. 심연 속의 자신을 구해주세요. 밖으로 나가야 한다고 알고 있지만 조금만 더 있다 나가려구요. 내게 거리를 두세요. 지금은 만나고 싶지 않아요. 자기의 결정권을 확대하려고 한다. 스스로 이해하려는 마음이다. 혼란한 이

---

[1] 카시아 세인트 클레어, 《컬러의 말》, (이용재), 월북, 2016.

세상에서도 스스로 날아오르려는 목표와 꿈을 강력한 힘으로 표출하려는 것을 의미한다. 강력한 힘은 문제해결 능력이다. 그러나 아직은 때가 되지 않았다. 정신 건강학적으로는 자존감을 숨기려는 컬러, 도전력이 강한 색이다. 계획과 생각을 노출하고 싶지 않다는 것이다. 신체 건강학적인 의미로는 모험적인 활동을 의미한다. 관절의 불편함에 신호를 보내는 것이다. 부자 심리학적 의미로는 경제적으로 부실한 상태에 대한 것이다. 부채가 많아 재정에는 불이 들어왔다. 침체기에 있으니 회복을 위해 노력이 필요하다. 조금 더 원칙에 집중하세요. 비밀은 모든 분별력에서 떠나있는 것이므로 획득할 수가 없답니다.

2) 부자 심리의 컬러 해석 Red

빨간색은 남녀의 정열을 의미한다. 헌신적인 애정을 갈망한다. 자신감이 넘친다. 숨이 막힐 듯 요염하다. 대인관계에서는 협력적이며 애착심을 요구하고 있다. 대화할 준비가 되어있다. 하지만 본인의 의지가 우선이다. 당신은 내 안에서 사로잡혀 있어요. 가까이 다가오세요. 통치자로서 인정받고 싶다. 상대방을 배려하고 따뜻하게 대접하고 싶다는 것이다. 공감 능력을 발휘하여 상대방을 감동하게 만든다. 상승적인 에너지의 소유자로서 양적 변화를 도모한다. 이 세상은 꿈을 갈구할 수 있는 만인들의 광장이다. 부자의 힘과 의지는 이미 설계되어 가동되고 있다. 점점 활성화를 이루려 한다. 잠시 시간이 필요하다. 이제 부자의 목표가 달성된다. 성적(性的) 에너지가 발달한다. 사람들에게 능숙한 경험담을 표출하게 된다. 정신 건강학적으로 안정화를 도모하고 자신을 과시하려는 욕심을 알아차려야 한다. 신체 건강학적인 의미로는 정욕을 조절해야 한다. 몸의 성징은 정신의 가치에 앞서 작용한다. 따라서 스스로 조정해야 불이익이 없다. 부자 심리학적 의미로는 경제적으로 투자하고 싶다는 고백을 받을 수 있다. 곧 은행의 예금잔고가 넘치게 된다. 기대하세요. 내 마음은 모든 것이 충족되어 행복하다. 자신감이 넘친다. 그러나 자만심은 금물이지요. 원래 이익이란 덕을 기본으로 하는 자기 마음속의 주문이다.

3) 부자 심리의 컬러 해석 Yellow

나의 지능은 총체적으로 확장된다. 지구 전체에서 나의 인기를 실감하게 된다. 노란색 꽃밭에서 꿈을 꾼다. 수채화 같은 세상은 희망이 넘친다. 지구는 어린이의 순진함과 희망으로 평화롭다. 판단력은 명확하다. 만나는 사람마다 아낌없이 미소를 짓는다. 젊음으로 충만하고 기쁨은 넘친다. 무한한 가능성이 있어요. 목표가 있고 감각이 기능한다. 정직한 마음씨가 핵심이다. 다양한 의사가 발표되고 모두는 문제해결을 위해 토론한다. 타인의 말은 존중되며 사랑스럽게 경청한다. 행동은 유동적이고 부드럽다. 창의력이 발휘되어 변화가 조화롭다. 정보는 무궁무진하다. 아이들은 마음대로 표현하며 자신감이 내면으로 과도하게 뿜어져 나온다. 깔깔깔 웃는 모습이 매우 솔직하다. 새로운 일을 준비해야겠다. 정신 건강학적으로 나른하다. 화를 내는 것보다는 부정적인 감정을 드러내고 싶다. 평가에 구애받지 않고 내 이야기를 먼저 하고 싶다. 누워서 들어도 될까요? 나에게 기대어서 편안함을 누리세요. 나는 수용할 수 있을 것 같아요. 신체 건강학적인 의미로는 속이 울렁거리고 토할 것 같아요. 이러는 나를 이해해 줄 수 있나요? 밥을 먹을 수가 없어요. 너무 힘이 드네요. Yellow 부자 심리학적 의미로는 제 주머니에 돈이 조금 있는데 이 돈으로 투자해야겠어요. 아마도 좋은 일이 생길 것 같은 예감이 있네요. 틀림 없어요. 오늘 아무래도 내 눈앞에서 대박이 터질 것 같아요. 투자는 금물, 안전한 곳에 보관하세요. 조금은 신중하세요. '아니요'라고 말할 수 있어야 해요.

(3) 부자의 3가지 조건

어떻게 부자 인생이 되어서 살아왔는지 주관적으로 생각해 본다. 나를 아는 지인이 내가 부자가 아니라고 부정한다 해도, 분석하고 따져봐도 나의 인생은 부자 인생이었다. 나의 말과 행동, 그리고 생각 등 모든 차원에서 집중해 보니 답은 행운이라고 정해져 있었다. 시간적으로도 유전적 기제[2]에 의해 내게 부자의 인생은 체계적으로 내재되어 있었다.

1) 유전력: 좋은 부모님의 기운과 만나기

나의 부자 인생이 유전적 기제에 의해 규칙적으로 작동되는 이유를 아주 명확하게 알 수 있었다. 가까이에 존재하는 분들로부터 이것을 확인할 수 있었는데, 그 사람은 나의 부모님 두 분이었다. 부모님으로부터 계승되어 이어받은 조상의 DNA 유전인자는 시간이 흐름과 동시에 지니고 있던 화학적 정보에 의해 규칙적으로 진화되고 있었다. 그 유전적 정보에 의해 6살 이후에 일어났던 수많은 변천과 새로운 환경과 접목하게 되면서 겪어왔던 독특한 경험은 성장하면서 부자 인생에 작용하도록 서서히 체계화되었다. 그리고 중년기를 기점으로 구체화되었고, 부자 인

---

[2] 존슨 안, 《DNA 주역》, (안창식), 몸과 마음, 2002.

생으로 확립되고 만들어졌던 것이었다. 세상의 오래된 경전, 성불법집[3]에 실려있기를 부모님과의 관계는 그들(부모님)의 선택이 아닌 나(주인)의 선택에 의한 관계라는 것을 기억한다. 그것은 무의식화된 주인 의식으로 조화를 이루며 작용하고 있다. 아버지의 양(陽)과 어머니의 음(陰)은 원초적이고 역동적인 상태로 에너지를 발휘하며 나의 뇌관에 대립되지 않도록 정교하게 부자 인생으로서의 삶을 구축시키고 있었다. 따라서 나는 자라오면서 늘 부모님의 의식을 가치화하여 자기 복제를 주도하는 작업을 시도하였다. 나의 신체에는 부자로서의 목표와 꿈에 대한 유전자가 생성되어 '가능성'과 '변화'로써 시스템이 가동하게끔 만들어지고 있었다. 내가 선택한 부모님이 지어주신 음식물을 먹으면서 가난한 인생보다는 부자 인생을, 동쪽보다는 서쪽, 학교라는 장소에 대한 인식, 만나야 할 대상, 직업, 공부로 이루어야 할 필수요소, 극단적인 것과 상생하며 협력해야 할 것 등을 시계추의 진자처럼 규칙적으로 암시하며 싸인을 보여주신 것이다. 부모님의 부자 인식으로 문화, 예술, 교육, 종교 분야를 내 방식으로 개념화할 수 있었다고 생각한다. 가치관의 안내는 나의 사고체계로 저장하게 되었고, 깊이 있게 스며들었다. '알아차림의 설계화'라고 해야겠다. 어느 분야에서보다 부자 인생의 디딤돌이 되기 위한 신체화와 생명 에너지는 계획을 수행하게 하며 오늘의 나를 부자로 살게 해주었다고 생각한다.

2) 열정: 인생 역전 Lotto 행운

여태까지의 인생을 돌이켜 보면 나에게는 늘 새로운 아이디어가 가득 솟아났다고 기억된다. 본성적으로는 100% 완전 내성적인 성향으로 일

---

[3] 방륜거사, 《정법개술》, (연관스님), 도서출판 비움과소통, 2017.

중독성을 가지고 있으며 사는 동안 하루도 건너지 않고 꿈을 꾸고 있었다. 그 한 꿈이 이루어지면 나태할 사이도 없이 항상 도전하였다. 또 다른 꿈의 실현을 위해 성공을 위한 에너지를 넘쳐나도록 발산하였다. 호기심이 많아 친구들을 관찰하면서 그들에게 아이디어를 수집하였다. 책을 탐독하면서 자신 있게 나를 위한 반응도 인식할 수 있었다. 친구들 사이에서는 웃음과 유머를 쏟아낼 수 있게 노력하였다. 건강함은 나의 매력 포인트였다. 자신감이 있으며 융통성이 좋아 처음 보는 사람과도 소통할 수 있었고 유대감을 위하여는 누구에게도 개방적으로 다가갈 수 있었다. 어른, 아이, 젊은 사람, 어르신에게 다가가서 내 감정을 표현하고 공감을 받고 관계를 맺으면서 친밀감을 쏟아내었다. 스트레스가 발생해도 노래를 부르며 내 마음을 달래고 영화를 보면서 주인공의 대사를 흉내 내곤 하였다. 나의 감정은 특별함을 위하여 호기심을 발동하였다. 나는 사람과의 관계를 원하면 신경이 쏠리면서 그 사람의 긍정적인 요소와 결착하는 느낌을 고스란히 경험할 수 있었다. 나의 새로운 아이디어는 지속적으로 칭찬을 받았고 그 칭찬은 나에게 자신감과 기쁨을 가져왔다. 아이디어를 상상하는 동안 나의 목소리는 몹시 흥분하였다. 그 감정은 열정적으로 변신하며 네 마음에는 자발적인 메시지를 보내고 있었다. 그것은 삶의 시간에 많은 행운의 요소로 단서를 인식하게 만들었다. 극단적으로 생각되는 불운을 느끼면서도 마음속에서는 '다 이유가 있을 거야. 더 늦게 경험했더라면 얼마나 불편하고 힘이 들까? 지금 이렇게 빨리 경험하고 현명하게 지내야겠어.' 부자 인생에 대한 애착은 나의 긍정적인 해석으로 말미암아 행운과 불운에 공평한 해석을 가미하게 했다. 행운은 감사의 의미와 기분 좋은 베풂을 부여한다. 욕심을 부리며 베풂을 실행할 수 있는 기회의 시간이다. 불운은 내게만 오는 것은 아닌 것 같다. 누구에게나 오는 시간이며 당황하지 말자. 감염 예방주사를 빨리 맞게 되는 것이다. 좋은 일을 맞게 하려는 준비와 대비의 가능성을 부여하는 특이한 상황이다. 불운은 결정되어 있다. 행운을 맞이하려는 안전망을 제공하고 준비하는 시간이다. 열정으로 집중하고 있어야 한다. 부자 인생은 찰나에 오는 것은 결코 아니다. 서서히 아주 오래전부터 잘못된 방식으로 내 인생 스타일을 교정하면서 내 것이 되어가는 것이다. 열정은 불운에 직면하게 되는 행위이다. 부자 인생을 만나기 위해 반복되는 시뮬레이션은 의식을 열정화 하는 방식이다. 행운과 불운의 반복적인 방법을 경험하게 한다. 다만 차이가 존재하는 것이다. 정성스러움을 다하는 동안 행운을 맞이하는 시간은 신체에 고스란히 저장되고 기억된다. 그래서 부자 인생은 신바람을 부여한다. 정교한 시스템은 전수가 되는 것이다. 불운은 고통이며 공포의 기억으로 곧 생략되고 만다. 망각의 시스템이 가동된다. 스트레스로 보존하는 것이라면 또다시 실패는 없다. 부자 인생은 옛날부터 설명되었고 전시되어 있다. 열정으로 마음을 표시하고 정성을 필요로 한다. 불운으로부터 역전할 수 있는 Lotto 행운을 부자 인생은 열정적인 시간으로 부르고 있다. 열정은 소망이다. 부자 인생으로 명확하게 이끌어 온 나의 오래된 파트너에게 진심으로 감사드린다.

3) 순간 포착력: 인맥 만들기

자신의 내부에서 좋은 기회를 포착할 수 있다면? 스스로의 인식 능력을 얼마나 믿어야 할까? 소개하자면 아주 부자 인생을 구축한 나의 파트너는 내면의 감각이 좋았다. 행운과 불운을 만났을 때 신체와 정신으로 구별하는 것을 온몸으로 가동하고 있는 상황을 묘사했다. 늘 열정으로 기운이 넘쳤고 부자가 될 재화의 냄새를 맡는다고 했다. 특이하게도 그는 가능성을 두고 흥분상태였지만 사람을 만났을 때는 놀라울 만큼 침착함과 세밀함, 친절함으로 정성을 다해서 맞이했다. 그 모습은 감탄이 나올만한 정도였다. 그 진지함의 이면에는 리더의 자세가 숨겨져 있었다. 그는 무대에서 배역에 충실한 배우 같은 모습이다. 어떠한 가능성이라도 다 염두에 두고 공손했다. 곧 자연스러운 관계를 만들어 나갔다. 사람들을 향해 진심으로 질문했고 눈을 마주하며 상대에게 관대했다. 상대의 스타일과 속도를 기억하고 있었고 그들의 습관을 파악했으며 역할에 따라 즐거움을 선사했다. 웃음이 건강했는데 마치 삶의 즐거움을 위해 사업의 과정 중에도 놀이하듯이 몰입하는 것 같았다. 사업의 결과물은 놀라웠다. 곧 그 업계의 전설이 되었다. 그는 자기에 대한 믿음으로 부자 인생을 조종했다. 내부의 인식, 순간의 포착력으로 외부의 기운을 조종하는 것 같았다. 그는 목소리로 동작하며 운동을 하는 것 같다. 얼굴의 표정을 통하여 누구나 할 수 있는 미소를 지었다. 마치 삶의 활동소를 제공하는 것 같았다. 그는 늘 질문을 던진다. 사람들은 왜 돈 버는 것을 그렇게 어려워할까? 세상에서 돈 버는 게 제일 쉬웠어요. 아침이 되기도 전에 잠을 깨는 그는 긍정적이며 신념 어린 목소리로 다짐한다. 그는 부자 인생을 운용하기 위해 최선을 다한다. 지속적인 연습, 끊임없이 노력하는 삶을 모험처럼 즐긴다. 늘 부지런히 행동했다. 부자 인생을 가꾸는 그 모습이 아름답다.

2. 부자로서의 초석

(1) 누구나 부자로 살 수 있다

　우리가 부자 인생을 살기 위해 의지력을 불태우는 이유는 세상에 태어나서 자신의 가장 중요한 임무를 완수하려는 기본적 노력이기 때문이다. 그런데 그 의지력의 결과는 누구에게나 다 적용되는 것은 아니다. 평균적인 행위를 도모하면서 부자 인생을 외치는 것이 사람들의 방식이다. 부자 인생은 질적 의미인가? 양적 만족인가?

　부자 인생은 경건한 의식이다. 공기를 마시며 숨을 쉰다는 행위를 느끼지 못하듯이 부자 인생을 위하여 이 의식을 수행하고 있지는 않고 있다. 정말 누군가에게 부자 인생으로써 교훈이 되고 싶지 않은가? 그렇다면 정답은 완벽하다. 유전자를 개조해야 한다. 부자 인생을 실천하기 위한 위대한 부자로 살기 위한 유전자로 강력하게 전환해 버리는 것이다. 길이 보인다. 일관성 있게 행동하면 성공할 수가 있다. 집중해야 한다. 부자 인생을 위한 유전자는 존재한다. 믿음도 강하다. 나의 삶의 시간에서도 행복하며 나와 닮은 아이들을 위한 부자 환경을 제공할 수 있으므로 보람을 느낄 수 있다. 반드시 완성해야 할 사명이 있다.

　의지와 결의에 찬 행동은 중요한 결과물을 제공한다. 욕심을 더 부리지 않는 한 우리의 이웃들은 적어도 돈이 넘쳐나서 죽을 것만 같다고 하지는 않을 것이다. 그러나 이것은 옳지 않다. 원래 인류의 태동기에 존재

했던 남성과 여성의 차이만큼 유전자가 계승되었다면 평화롭다고 자신할 수 있을까? 사람들은 쉽게 행동하지 않는다. 만일 학교에서 수업을 듣고 평가를 위해 시험을 보는 일이었다면 지금 주변은 다 부자 인생을 즐기고 있을까? 기본적인 부자 인생의 과업에도 강도가 있고 의지력의 표상이 있다고 보인다.

부자로 사는 것과 부자로 보이는 것, 부자인생을 향해 노력하는 것에도 분류법이 존재한다. 대다수의 사람은 부자가 아니라도 행복하다. 부자 인생의 의지를 향해 일과를 영위하고 삶을 계획하고 있으므로 가장 중요한 업무를 위해 살고 있다고 생각한다. 그들은 최선을 다하여 노력을 기울인다. 다만 부자 인생은 최우선 순위는 아닌 것 같다. 어느 정도는 포기하고 사는 것 같다. 시험을 눈앞에 두고서 우수한 성적의 성과를 기대하는 일은 누구에게는 즐거움, 또 누구에게는 공포와 한숨인 것과 비슷한 일이라고 생각한다. 가장 중요한 일인 것을 인식하면서도 사람들은 우수한 성적을 결과물로 보여주지 않는다. 그러면서도 우리는 불연속적으로 의지력을 표출하며 한 번씩은 새롭게 행동으로 활용하려고 시도한다.

부자 인생은 관리가 필요하다. 마음만으로는 완성되지 않는 의지력이다. 결의에 차서 중요하게 메모해 가며 실천을 해야 한다. 삶의 안전과 즐거움이라는 사실에 주의를 기울여야 부자 인생은 펼쳐지는 것이다. 눈으로 부자들을 선호체계로 봐야 한다. 부자, 그들의 이야기를 세밀하게 들어가면서 신체감각에 집중한다.

이런 것을 우선적으로 활용할 수 있도록 반드시 노력을 기울여야 한다. 오래도록 지속적으로 인내심을 발휘하면서 성공적인 결과를 기대하는 의식을 수행해야 한다. 행동체계에서 부자 인생을 구사하려는 의지력을 가장 먼저 선행해야 하는 것이다. 이것이 자신 없다면 반드시 부자 인생을 추구하는 것만이 답은 아니다. 그래서 누구나 부자로 인생을 살 수는 있다는 것이다. 부자는 새로운 보상 활동이다.

(2) 현명한 부자 되기

1) 부자의 영향력

부자의 기술은 무엇일까? 부자가 되기 위한, 부자로 살기 위한 안목에 대해 무조건 미래를 보는 눈이 필요하다고 한다. 부자 인생은 마음이 평안하고 성공적인 삶의 터전을 제공하게 되므로 습득해야 할 의식이라고 했다. 부모의 유전자를 탐색하기, 열정과 행동력, 다른 사람과 좋은 관계 유지하기의 기술을 형성하면 된다. 부모님의 영향력은 교과서를 보는 것 같다. 부모님의 행동과 분위기, 가치관을 분석한다. 이것은 지정된 정보를 의미한다.

시대가 바뀌어도 생계를 유지하기 위해 수행했던 부모님의 적성을 녹여낸 직업적 능력은 자손에게 전수된다. 이것은 역사성이다. 역사성은 습득력이다. 부자 인생도 습득이다. 어떻게 부자 지위나 작업성과로 부여되는 물질적 성과는 부러움을 수반한다. 이것 또한 그들의 기술이라고 생각한다. 기술을 의식화하면 전수할 수 있다. 훌륭한 기술은 전수된다.

부자의 안목은 인성 발휘에 대한 행동력을 관심 있게 보는 것이다. 부자의 안목은 생명력을 발휘하는 치유행위라고 할 수 있다. 부자를 위한 기술은 집중력을 도모한다. 집중하는 것은 불안을 줄일 수 있다. 두려움도 극복할 수 있는 의지력을 제공한다. 다른 사람들을 보호하기 위한 작은 행동은 문제를 제거하는 목표력이 된다. 무조건 타인을 위한다고 치유행위는 아니다. 나를 진솔하게 이해하는 탐색부터가 치유이다.

왜 부자 인생을 추구하는지, 그것을 위해 어떤 생각으로 열정을 투사했는지, 부자 인생의 관리와 처세를 배우기 위해 처음으로 비워낼 것은 무엇인지 모델링을 해야 한다. 원하는 일을 하기 위한 지혜는 분명히 존재한다. 부자 인생을 흉내 내고 모방하자는 것만은 아니다. 부자 인생의 결과로 하고 싶은 중요한 일을 신념으로 달성해보자는 것이다. 부자 인생을 갈망하는 것은 어떤 이들에게 힘든 일을 조금 덜어보자는 기본이 있다. 살리는 영향력이 강력하게 있기 때문이다.

초기에 부자 인생은 오직 '나'만큼은 해보자. 꼭 해보자. 나는 실천한다. 성공한다. 실천하고 행동하는 것은 조절한 후에 최고로 변신한다. 부자의 영향력은 지대하다. 부자의 영향력은 진실로 보여지는 것을 표본으로 한다. 파급력이 엄청날 것이다. 모두가 관찰하고 있다.

2) 부자의 목적의식

부자 인생은 기쁨이다. 처음부터 늘 기쁨은 아니었다. 부자 인생을 목표로 하였을 때 꿈이 이루어지는 것이라 여겼다. 필요한 돈을 마음대로 쓰며 만족을 느끼는 마지막 여정인 줄 알았다. 부자의 꿈을 위해 의지력을 표출했을 때 신바람이 났다. 행복의 느낌이라 생각했다.

목적의식을 가지며 다짐을 했다. 충분히 돈을 가지는 것은 의식이 아니다. 그거 가지고 싶은 거, 하고 싶은 것을 반복적으로 이루어 나갈 때 마음이 늘 부자인 것이 아니었다. 그냥 부자도 습관이고 표현방법이라고 느끼게 되었다. 부자로 보이는 것은 중요하지 않았다. 실은 6살 여자아이의 마음은 부자를 목표로 한 것이 아니었다. 부자 인생은 행복을 그리워하는 의지이며, 노력하는 과정이라고 생각된다.

참고문헌

- 곽철환, 《인생과 싸우지 않는 지혜》, 불광출판사, 2016.
- 김동선, 《마흔 살부터 준비해야 할 노후대책 일곱가지》, 나무생각, 2006.
- 박용삼, 《테드 미래를 보는 눈》, 원앤원북스, 2020.
- 방륜거사, 《정법개술》, (연관스님), 도서출판 비움과소통, 2017.
- 사이먼 시넥, 《스타트 위드 와이》, (윤혜리), ㈜세계컨텐츠그룹, 2022.
- 사이토 시게타, 《타력》, (안중식), 지식여행, 2004.
- 왕방현, 《노자, 생명의 철학》, (천병돈), 은행나무, 2004.
- 우석, 《부의 인문학》, 오픈마인드, 2022.
- 윌리엄 데이먼, 《무엇을 위해 살 것인가》, (정창우, 한혜민), 한국경제신문, 2013.
- 에밀 쿠에, 《자기 암시》, (김동기·김분), 하늘아래, 2020.
- 존슨 안, 《DNA 주역》, (안창식), 몸과 마음, 2002.
- 잭 오더, 《돈 버는 선택 VS 돈 버리는 선택》, (이건 옮김, 홍춘욱 감수), 부키, 2012.
- 최기숙·소영현·이하나, 《감성사회》, 글항아리, 2014.
- 팀 페리스, 《지금 하지 않으면 언제 하겠는가》, (박선령, 정지현), 토네이도미디어그룹(주), 2018.
- 카시아 세인트 클레어, 《컬러의 말》, (이용재), 윌북, 2016.
- 필 맥그로, 《라이프 코드》, (배현), ㈜쌤앤파커스, 2014.
- 피터 켈더, 《아주 오래된 선물》, (천병돈), 은행나무, 2004.

저자소개

전현주 JEON HYUN JU

학력

- 동방문화대학원대학교 교육학 박사(Ph.D: 상담심리 전공)
- 성균관대학교 상담교육학과 석사 졸업
- 성균관대학교 유학(儒學)대학원 유교 지도자학과 수료
- 심리학과(문학사) & 청소년학과 졸업(문학사)
- 역사교육학과(문학사) & 사회복지학과 졸업(사회복지학사)

경력

- 현) 힐링코드심리센터 대표
- 현) 국방부 병영생활전문상담관
- 현) 고용노동부 과정평가형 위촉감독 면접관
- 현) SE 사이버평생교육원 강의교수
- 현) 한국 자살예방협회 사이버 상담위원
- 현) 한국진로직업상담협회 전직실행 지원강사/슈퍼바이저
- 경기도 의정부지법 가사 상담위원
- 서울북부지법 협의이혼 상담위원/아동양육 상담전문위원

- 서울시 여성가족재단 성폭력예방교육 전문위촉강사
- 법무부 서울 북부 청소년 꿈키움센터 전문강사
- 서울시 강동 교육청 중등학교 전문상담사
- 한국양성평등교육진흥원 성폭력(성희롱)예방 교육 전문위촉강사

자격

- 임상심리사 1급(보건복지부, 한국산업인력공단)
- ESG 전문가(브레인플랫폼)
- 1급 공공기관 전문면접관(KCA 한국컨설턴트사관학교)
- 사회복지사/요양보호사(보건복지부)
- 전문상담사(한국상담학회)
- 중등(사회/역사) 정교사(교육부)
- 직업상담사/직업훈련개발교사(인사조직, 고용노동부)
- 청소년지도사(여성가족부)
- 평생교육사(교육부)

저서

- 《신중년 적합교육 및 일자리 연구》, 공저, 브레인플랫폼, 2024.
- 《평생 현역을 위한 도전과 열정》, 공저, 브레인플랫폼, 2023.
- 《창업경영 컨설팅 방법론 및 사례》, 공저, 브레인플랫폼, 2023.
- 《미래유망 일자리 전망》, 공저, 브레인플랫폼, 2023.
- 《평생교육, 평생현역》, 공저, 브레인플랫폼, 2023.
- 《채용과 면접 교과서》, 공저, 브레인플랫폼, 2023.
- 《성행동의 심리학》, 에스이(SE), 2019.
- 《청소년 문화》, 에스이(SE), 2019.
- 〈까마수트라를 활용한 성(性)상담적 접근〉, 동방문화대학원대학교 박사학위 논문, 2018.

수상

- 포병여단 여단장 표창 수상, 2019~2024.

- 국방부 장관상(정신전력 우수논문 공모전 장려상), 2022.
- Asia-Pacific Journal of Education Management Reserch, 국외 동계학술지 논문우수상, 2018.
- (사)한국 산학기술학회, 학술지 논문 우수상, 2017.
- 법무부 서울 북부 청소년 꿈키움센터 우수강사, 2016.
- 서울시 강동구 자원봉사센터(자원봉사) 은상 수상, 2012.
- 서울시 강동구청장 우수표창(자원봉사), 2009.
- 서울시 자원봉사센터 자원봉사 금상 수상, 2008.
- 성균관대학교 유학대학원 총장 표창상, 2008.

6장 김은영

잘 나가는 대표는 왜 부동산을 공부할까?

I. 사업가의 현실과 부동산의 의미
- 불안정한 파도 속 든든한 닻

사업을 운영한다는 것은 망망대해를 항해하는 배와 같습니다. 순풍에 돛 단 듯 나아가기도 하지만, 예측할 수 없는 파도와 거친 폭풍우를 만나기도 합니다. 특히 대한민국에서 사업을 한다는 것은 더욱 그렇습니다. 끊임없이 변화하는 시장 환경, 치열한 경쟁, 예측 불가능한 경제 상황 속에서 사업가들은 매일 고독한 싸움을 이어갑니다. 이 모든 파고를 홀로 감당해야 하는 대표님들의 현실은 과연 어떠할까요?

(1) 대한민국 대표들의 고독한 현실과 자금 압박

"대표님, 지난달 직원들 월급날과 세금 납부 마감일은 무사히 넘기셨습니까?" 밤새 자금 일정을 맞추고 나면 회사 통장에는 잔고가 거의 없습니다. 급여, 4대 보험, 임대료, 관리비, 세금까지 빠져나가고 나면 남는 것이 없습니다. 경기가 어려울 때는 적자를 면하는 것만으로도 잘 버틴 셈입니다.

회사가 어려워지면 직원들은 미련 없이 떠나지만, 모든 리스크와 불어난 대출은 대표 혼자의 몫으로 남습니다. 사업을 정리(Exit)하려 해도 발목을 잡는 것은 '빚'입니다. 이러한 현실은 많은 사업가들에게 심리적인 압박감과 함께 미래에 대한 불안감을 안겨줍니다.

필자는 유년 시절을 대치동과 개포동에서 보냈지만, 경제관념이 제로인 상태로 결혼과 동시에 경기도에서 신혼 생활을 시작했습니다. 강남에서 자랐지만, 막상 사회생활을 시작하고 결혼을 하니 현실은 녹록지 않았습니다. 강남에 사는 친구들은 잘사는 시댁에, 배우자를 만나 강남 아파트가 턱턱 생기는 것을 보면서 부러움과 함께 상대적 박탈감이 밀려왔습니다. '나는 여기서 이렇게 고군분투하는데, 친구들은 저렇게 쉽게 강남 아파트를 얻는구나' 하는 생각에 마음 한구석이 시리기도 했습니다.

하지만 동시에 '이렇게 생각 없이 살다가는 거지꼴이 될 수도 있겠구나! 죽기 살기로 돈을 모아 부동산을 사는 것만이 내가 살 길이다'라는 절박한 확신이 들었습니다. 그때부터 악착같이 돈을 모으게 되었고 자산 증식의 중요성을 더욱 절감하게 되는 계기가 되었습니다.

(2) 사업소득의 불안정성과 자산 증식의 필요성

사업을 통해 얻는 소득은 참 불안정합니다. 시장 상황이 좋을 때는 가파르게 성장하지만, 예측하지 못한 외부 충격(예: 2008년 금융위기, 2020년 팬데믹)이나 치열한 경쟁으로 인해 언제든 급격히 줄어들 수 있습니다. 이러한 불안정성 때문에 사업소득만으로는 장기적인 재정적 안정이나 편안한 노후를 계획하기가 쉽지 않습니다.

이 돈을 안정적으로 불려 나갈 수 있는 '자산 증식' 전략이 반드시 필요합니다. 사업이 주춤하더라도 자산이 든든하게 받쳐준다면 심리적인 안정감을 얻고 다음 도전을 준비할 힘을 얻을 수 있기 때문입니다.

결혼 이후 저는 종잣돈을 모으기 위해 악착같이 아끼고 또 아꼈습니다. 그토록 좋아하는 커피 한 잔도 사 먹지 못하고 항상 봉지 커피와 텀블러를 들고 다녔습니다. 혼자서 미팅 다닐 때는 편의점 김밥이나 달걀로 끼니를 때우기 일쑤였지만 그 절박함과 간절함이 모여 부동산을 시작하게 되었습니다.

처음에 현금 6천만 원을 가지고 전세가 들어있는 작은 아파트를 샀고, 팔아서 2천만 원의 수익을 남겼습니다. 그때의 2천만 원은 단순한 돈이 아니었습니다. 제 노력과 절박함이 결실을 맺었다는 증거이자, '나도 할 수 있다'는 자신감을 안겨준 희망이었습니다. 그 감격은 지금도 잊을 수 없습니다. 이후 저는 혼자 임장도 다니고, 많은 부동산을 관심 있게 공부하기 시작했습니다.

(3) 부동산, 단순한 투자를 넘어선 사업가의 든든한 안전판

저는 오랫동안 성공한 선배 대표님들을 지켜보면서 한 가지 공통점을 발견했습니다. 그분들은 자신의 사업체만큼이나, '부동산'을 신뢰하고 있었습니다. 그들에게 부동산은 단순한 투자처가 아니었습니다. 사업의 파고를 넘게 해주는 든든한 '안전판'이었고, 대출의 압박에서 숨 쉴 공간을 만들어 주는 '산소호흡기'였으며, 궁극적으로는 자신과 가족을 지키는 최후의 '요새'였습니다.

부동산은 위기 상황에서는 자금 확보의 수단이 될 수 있으며, 장기적으로는 개인과 가족의 미래를 지켜주는 든든한 버팀목입니다. 전쟁터에서 최전방에서 싸우는 병사에게 든든한 후방 기지가 되어주는 것과 같습니다. 사업이라는 최전방에서 치열하게 싸우는 동안, 부동산이라는 후방기지가 든든하게 버텨준다면 우리는 더 과감하게 도전하고, 더 유연하게 위기에 대처할 수 있습니다.

필자는 굿즈, 유니폼, 판촉물을 기획, 디자인, 제작하여 대기업에 납품하는 사업을 18년간 하고 있습니다. 사업은 흥미롭지만, 매출은 늘 변동성이 큽니다. 올해처럼 경기가 좋지 않아 매출이 예전 같지 않을 때는 걱정이 앞서는 것이 사실입니다. 하지만 그동안 꾸준히 투자하여 시세차익이 생긴 부동산이 있기에 사업의 불안함은 덜하고, 오히려 사업 자체에 더 집중할 수 있는 심리적인 여유를 얻고 있습니다. 사업으로 버는 돈은 지금 당장 회사 운영과 직원들 월급, 올해와 내년 회사 살림살이에 필요한 자금, 그리고 이자 납부 등이 주요 사용처입니다. 장기적인 큰돈은 부동산이나 주식으로 수익을 내야 하는데, 주식에는 자신이 없는 저는 부동산을 더욱 희망적으로 생각하고 있습니다. 부동산이 저의 사업과 삶에 든든한 버팀목이 되어주고 있음을 매일 체감하고 있습니다.

JLL 글로벌 부동산 리포트는 글로벌 부동산 시장에서 핵심 도시(게이트웨이 시티)의 부동산이 경기 불확실성 속에서도 장기적으로 안정적이고, 투자 수익률과 안정성 측면에서 우수하다고 평가합니다. 특히, 최고 수준의 입지와 인프라를 갖춘 도시의 부동산은 투자 매력이 높고, 시장 변동성에도 상대적으로 강한 모습을 보인다고 분석했습니다.

자산 구분	위험도	기대 수익률	안정성/방어력	유동성	사업 연계성
핵심지 부동산	중하	중상	높음	낮음	매우 높음
예/적금	매우 낮음	낮음	매우 높음	매우 높음	낮음
주식/펀드	높음	높음	낮음	높음	낮음
지방/비핵심지 부동산	중상	불확실	낮음	매우 낮음	보통

사업가가 고려하는 주요 자산의 특성 비교

이와 같이 성공한 대표들이 바쁜 사업 활동 중에도 부동산 공부에 그토록 진심인지, 그리고 부동산이 어떻게 사업 운영의 리스크를 줄이고 삶을 구원할 수 있는지 확인해 보고자 합니다.

2. 대한민국 부동산, 정말 정점일까?
- 과거 사례에서 배우는 통찰

부동산 시장은 늘 뜨거운 감자입니다. 특히 한국에서는 '부동산 불패'라는 말이 있을 정도로 부동산에 대한 믿음이 강했지만, 최근 몇 년간의 급격한 가격 변동과 함께 '이제는 끝물이다', '거품이 꺼질 것이다'라는 우려의 목소리도 커지고 있습니다. 과연 대한민국 부동산은 정말 정점에 다다른 것일까요?

(1) '서울 집값은 이미 꼭대기'는 진짜일까? 냉철한 현실 인식과 양극화의 시대

부동산 투자를 이야기할 때 사람들이 가장 먼저 거론하는 것 중 하나가 바로 "서울 집값은 이미 오를 대로 올랐다. 지금 들어가는 건 상투 잡는 거다"라는 불안감일 것입니다. 이러한 생각은 많은 대표님들이 부동산 투자를 망설이게 만드는 가장 큰 심리적 장벽이 되기도 했습니다.

우리는 지금 과거와는 다른 부동산 시장의 현실을 마주하고 있습니다. 홍콩이나 중국처럼 과열된 시장이 침체로 이어지는 시나리오가 한국에서도 예외가 아닐 수 있다는 인식이 필요합니다. 홍콩의 경우, 2000년대 초반부터 급등했던 집값이 2019년 홍콩 시위와 코로나19 팬데믹을 거치며 하락세로 전환되었고, 중국 역시 부동산 개발업체들의 부채 문제와 경기 둔화로 인해 주택 시장이 큰 어려움을 겪고 있습니다. 특히 중국의 헝다 사태는 부동산 시장의 불안정성이 국가 경제 전체에 얼마나 큰 영향을 미칠 수 있는지를 여실히 보여주었습니다. 이러한 해외 사례들은 우리에게 '묻지마 투자'의 위험성과 함께, 경제의 구조적 변화가 부동산 시장에 미치는 장기적인 영향을 경고합니다.

"우리 동네 아파트는 왜 안 오르지?" 옆집 이웃이 한숨을 쉬며 말했습니다. "서울 강남은 계속 오른다는데, 우리 동네는 왜 제자리걸음인지 모르겠어." 이처럼 한국 부동산 시장은 이제 '모두가 오르는' 시대가 아닙니다. 금리 인상, 가계 부채 증가, 인구 감소, 그리고 예상되는 공급 물량 등 하락 요인이 분명히 존재하며, 특히 지방이나 신축 외 지역에서는 하방

리스크가 크게 나타나고 있습니다. 또한, 저출산 고령화로 인한 인구 감소는 장기적으로 주택 수요 감소를 야기할 수 있다는 우려를 낳고 있습니다.

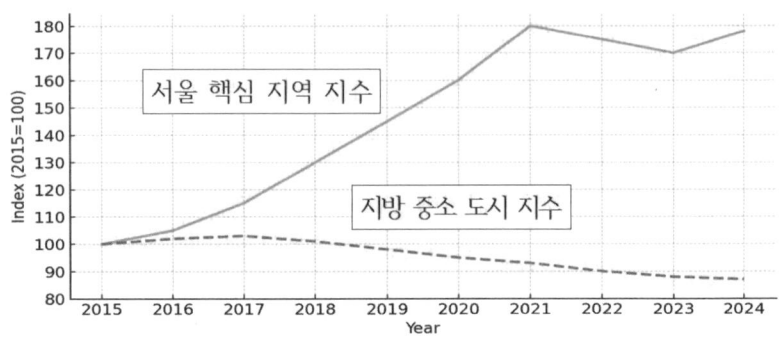

한국 부동산 시장의 양극화 현상(2010-2024)

위 그림은 지난 10여 년간 한국 부동산 시장이 어떻게 양극화되었는지를 명확히 보여줍니다. 서울 핵심 지역의 주택 가격 지수는 꾸준히 우상향하는 반면, 지방 중소도시는 정체되거나 오히려 하락하는 모습을 보입니다. 이는 마치 같은 한국 땅에 있지만, 부동산 시장은 전혀 다른 두 개의 세상이 존재한다는 것을 명확히 보여줍니다. 이제는 "모두가 같은 버스를 타는 시대는 끝났다. 이제는 목적지에 따라 다른 지하철 노선을 선택해야 하는 것처럼, 부동산도 선택과 집중의 시대다"라고 말할 수 있습니다.

서울 강남, 성수, 마포, 용산, 광화문과 같은 핵심 지역은 여전히 공급 제약과 집중된 수요라는 특성을 가지고 있습니다. 이들 지역은 일자리,

교육, 교통, 문화 등 핵심 인프라가 집중되어 있어 꾸준한 인구 유입과 높은 주거 선호도를 유지합니다.

(2) 해외 사례에서 배우는 통찰: 안정적 성장과 핵심 자산의 차별적 상승

한국 부동산 시장의 미래를 예측하기 위해서는 과거 다른 선진국들의 사례를 살펴보는 것이 큰 도움이 됩니다. 특히 1인당 GDP 3만 달러를 돌파한 시점 전후의 부동산 시장 변화는 한국의 현재 상황과 비교해 볼 만한 중요한 통찰을 제공합니다.

1) 일본의 잃어버린 30년: 거품 붕괴의 교훈

일본은 1990년대 초 '버블 경제' 붕괴 이후 장기 침체를 겪으며 부동산 시장도 큰 타격을 입었습니다. 1인당 GDP 3만 달러를 넘어선 1990년 초 버블 붕괴 이후 장기 침체를 겪으며 전국적으로 주택가격이 약 30% 하락했으나, 최근 도쿄 등 핵심 도시는 회복세를 보이고 있습니다. 이는 인구 감소와 고령화에도 불구하고, 대도시 중심의 수요가 지속적으로 존재함을 보여줍니다. 일본의 버블 붕괴는 과도한 유동성 공급, 투기 심리 조장, 그리고 정부의 뒤늦은 대응이 복합적으로 작용한 결과였습니다. 부동산 가격이 폭락하면서 가계와 기업의 자산 가치가 급감했고, 이는 소비 위축과 투자 감소로 이어져 장기적인 경기 침체를 야기했습니다.

2) 독일과 영국의 길: 안정적 성장과 핵심 자산의 차별적 상승

반면, 독일과 영국은 1인당 GDP 3만 달러를 넘어선 이후에도 부동산 시장이 비교적 안정적이거나 꾸준한 상승세를 보였습니다. 독일은 1995년 3만 달러를 돌파한 후 10년간 실질 주택 가격이 약 20% 내외로 완만하게 상승했습니다. 통일 이후 꾸준한 경제 성장과 함께 주택 시장이 완만한 상승세를 이어갔고, 특히 뮌헨, 프랑크푸르트 등 대도시 중심의 부동산 가치 상승이 두드러졌습니다. 탄탄한 중소기업(미텔슈탄트) 기반의 제조업 강국으로서 경제가 급등락 없이 안정적으로 성장한 것이 부동산 시장의 '거품' 없는 꾸준한 상승을 이끌었습니다. 독일의 경우, 주택 소유율이 상대적으로 낮고 임대 시장이 발달해 있어 투기적 수요보다는 실수요 중심으로 시장이 형성된 점도 안정적인 성장에 기여했습니다.

영국은 2002년 3만 달러를 돌파한 후 글로벌 자본이 집중되며, 10년간 주택가격이 전국 평균 40~50%, 런던은 60~70% 이상 상승하는 등 핵심 도시의 차별적 상승세가 뚜렷했습니다. 특히 수도 런던은 1986년 금융 시장 규제 완화 조치인 '빅뱅' 이후 글로벌 금융 허브로서의 위상을 강화하며 핵심 지역의 부동산 가치가 폭발적으로 상승하는 모습을 보였습니다. 전 세계의 자본과 인재를 블랙홀처럼 빨아들이며, 런던의 부동산은 영국이라는 국가의 자산이 아닌 '글로벌 안전 자산'으로 자리매김했습니다. 런던의 경우, 전 세계 부유층의 자산 피난처이자 투자처로서의 역할이 매우 컸습니다. 이는 '글로벌 경쟁력'과 '집중된 수요'로 인해 차별적인 가치를 가질 수 있음을 시사합니다.

3) 미국 사례: 혁신과 글로벌 도시 경쟁력의 영향

미국은 이미 1998년에 1인당 GDP 3만 달러를 넘어섰으며, 실리콘밸리나 뉴욕과 같은 혁신과 글로벌 경쟁력을 갖춘 도시들의 부동산 가치는 꾸준히 상승해 왔습니다. 3만 달러 돌파 후 10년간 실질 주택 가격은 약 50% 내외 상승하며 지역별 편차가 크게 나타났습니다. 실리콘밸리는 세계적인 IT 기업들이 밀집해 있어 고소득 인구 유입이 활발하고, 뉴욕은 금융, 문화, 예술의 중심지로서 전 세계 자본과 인재를 끌어모으는 역할을 합니다. 이는 단순히 국가 전체의 경제 규모뿐만 아니라, 특정 도시나 지역이 가진 '경쟁력'이 부동산 가치에 미치는 영향을 보여줍니다. 이처럼 해외 선진국 사례는 전체 시장의 흐름과 별개로, 특정 핵심 지역의 부동산이 '무너지지 않는 자산'으로서의 역할을 할 수 있음을 확인할 수 있습니다.

도시 경제학의 대가인 리처드 플로리다(Richard Florida)는 "21세기 경제의 핵심은 '창조 계급(Creative Class)'이 어디에 모여 사는가이다. 재능 있는 인재들은 단순히 일자리가 많은 곳이 아니라, 다양성과 관용, 문화적 인프라가 풍부한 '살고 싶은 도시'로 모인다. 이들이 도시의 혁신과 부를 창출하고, 결과적으로 부동산 가치를 끌어올린다"고 그의 저서 《도시는 왜 불평등한가》에서 언급했습니다.

국가	GDP 3만 달러 돌파 시점	돌파 후 10년간 주택 가격 변동률	주요 특징 및 원인
일본	1992년	-28.5%	자산 버블 붕괴 후 장기 디플레이션, 산업 구조 조정 실패, 도쿄 등 최근 회복
독일	1995년	+35.8%	강력한 제조업 기반(미텔슈탄트), 안정적 경제 성장, 주요 도시 중심의 꾸준한 수요
영국	2002년	+18.2%	런던의 글로벌 금융허브 지위 강화, 해외 자본 유입, 만성적인 공급 부족
미국	1997년	+45.1%	IT 혁명을 통한 신성장 동력 확보, 뉴욕 등 글로벌 도시의 경쟁력 강화 (2008년 위기 포함)

GDP 3만 달러 달성 10년 이후 주택 가격 변동과 특징

(3) 주택 가격 비교가 상가·토지 및 법인 투자에도 유효할까?

1) 주택 가격이 전체 부동산 시장의 '바로미터' 역할을 하는 이유

주택 가격의 변동은 해당 국가나 도시의 전반적인 경제 활력, 인구 이동, 소득 수준 변화, 그리고 투자 심리 등을 종합적으로 반영하는 경향이 있습니다. 특히 대도시의 주택 가격은 고급 인력의 유입, 기업 활동의 집중도, 생활 인프라 수준 등을 나타내는 지표가 되기도 합니다. 따라서 주택 가격 추이는 상가, 오피스, 토지 등 다른 유형의 부동산 시장 동향을 파악하는 데 중요한 참고 자료가 될 수 있습니다. 주택 시장의 활성화는 해당 지역의 전반적인 경제 활동이 활발하다는 신호로 해석될 수 있으며, 이는 상업용 부동산의 임대 수요 증가와 가치 상승으로 이어질 가능성이 높습니다.

2) 상가, 토지 등 상업용 부동산 시장의 특징

물론 상가나 토지 같은 상업용 부동산 시장은 주택 시장과는 다른 고유의 특징을 가지고 있습니다. 상가 가격은 해당 지역의 유동 인구, 상권 활성화 정도, 임대 수익률 등에 더 직접적인 영향을 받습니다. 토지 가격은 용도 지역, 개발 가능성, 주변 인프라 계획 등에 따라 크게 달라집니다. 특정 지역의 개발 계획 발표는 토지 가격을 급등시키기도 하고, 반대로 개발이 지연되거나 취소될 경우 가치가 하락하기도 합니다. 법인의 부동산 투자는 단순히 시세차익뿐만 아니라 사업 운영과의 연계성(사무실 사용, 물류 창고 등), 세금 및 회계 처리, 대출 활용 가능성 등 다양한 요소를 복합적으로 고려해야 합니다. 상업용 부동산은 주택과 달리 임차인의 업종, 계약 기간, 공실률 등 고려해야 할 변수가 훨씬 많습니다.

필자의 부동산 투자가 모두 성공적이었던 것은 아닙니다. 지방에 있는 상가를 매수했는데 현재 이자 이상의 임대료는 나오고 있지만, 제가 원하는 가격에 팔기는 힘든 상황입니다. 그때 그 돈을 서울 핵심 지역에 투자했더라면 지금쯤 훨씬 더 많은 수익률이 생겼을 것이라는 아쉬움이 컸습니다. 상업용 부동산은 주택과 달리 지역 경제의 활성화와 상권의 특성을 훨씬 더 민감하게 반영한다는 것을 깨달았습니다.

3) 법인 투자 관점에서의 시사점

주택 가격 동향을 통해 국가 및 도시 경제의 큰 흐름과 자산 시장의 구조적 변화를 이해하는 것은 법인 투자자에게도 중요한 의미를 가집니다. 거시적인 흐름 속에서 어떤 지역의 부동산이 장기적으로 가치를 유지하거나 상승할 가능성이 높은지를 판단하는 데 기초 자료가 되기 때문입니다다. 물론 실제 법인 투자를 실행할 때는 주택 시장 데이터만으로는 부족하며, 해당 상업용 부동산의 구체적인 입지 분석, 임대 수요, 수익률 예측, 법규 및 세금 영향 등을 종합적으로 분석하는 심층적인 접근이 필요합니다. 핵심은 '싸게 사겠다'는 생각보다는 '무너지지 않을 곳'을 선택하여 내 사업을 지키는 전략적 자산으로 활용하는 것입니다. 법인 투자는 개인 투자와 달리 세금, 회계, 법률적인 측면에서 더욱 복잡한 고려가 필요하므로, 전문가의 도움을 받는 것도 현명한 방법입니다.

3. 그렇다면 어디에 투자해야 할까?
- 부동산 투자의 핵심, '입지'의 중요성

이제는 '무너지지 않고 오르는 곳'을 선택하는 것이 사업가에게 더 중요한 전략이 되었습니다. 수많은 부동산 물건들 속에서 어떤 것을 선택해야 할까요? 전문가들은 이 질문에 대해 한목소리로 답했습니다. 바로 '입지'가 가장 중요하다고 말입니다.

(1) 왜 부동산 투자는 결국 '입지' 싸움인가?

부동산 투자에서 입지는 마치 성공의 열쇠와도 같은 가장 중요한 요소입니다. 특히 지금처럼 변동성이 큰 시장에서는 '무너지지 않을 곳'을 판별하는 핵심 기준이 됩니다. 아무리 좋은 건물이라도 외딴곳에 있다면 가치를 인정받기 어렵습니다. 반대로 허름한 건물이라도 핵심 입지에 있다면 재건축이나 리모델링을 통해 엄청난 가치를 창출할 수 있습니다.

제가 부동산을 투자할 때 보는 세 가지가 있습니다. 첫째, 입지. 둘째, 입지. 셋째, 입지입니다. 사람마다 보는 관점이 다르겠지만, 저에게는 부동산은 곧 입지라는 생각은 변하지 않을 것입니다. 이렇게 매입했던 여러 부동산은 대체로 좋은 수익을 가져다주었습니다. 제가 작게나마 투자한 부동산들이 좋은 결과를 보여주는 건, 저만의 확고한 부동산을 보는 기준이 있기 때문인 것 같습니다. 그건 오랜 시간 관심 갖고 공부하고 도전한 결과입니다. 물론 부동산 부자들에 비하면 저는 조족지혈 수준이지만, 저만의 원칙이 있었기에 가능했다고 생각합니다.

좋은 입지의 조건

위 그림은 좋은 입지를 구성하는 핵심 요소들을 보여줍니다. 이 요소들이 복합적으로 작용하여 부동산의 가치를 결정하며, 특히 '수요 집중, 희소성'과 '교통'은 부동산 가치의 근본적인 동력원임을 알 수 있습니다.

좋은 입지를 판단하는 기준은 여러 가지가 있습니다.

첫째, 교통의 편리성입니다. 지하철역, 버스 정류장, 주요 도로와의 접근성은 부동산 가치를 결정하는 가장 기본적인 요소입니다. 특히 대중교통망이 잘 갖춰진 곳은 직장인들의 선호도가 높고, 유동 인구가 많아 상업 시설의 활성화에도 기여합니다. 이수진의 〈도시 교통망 확충이 부동산 가치에 미치는 영향〉 논문에서 "도시 교통망의 확충은 부동산 가치 상승에 직접적인 영향을 미치며, 특히 대중교통 접근성이 좋은 지역의 부동산 수요가 증가한다는 점을 확인하였다"고 설명했습니다.

둘째, 중요한 기준은 수요 집중도와 희소성입니다. 특정 지역에 대한 수요가 꾸준히 집중되고, 공급이 제한적일수록 부동산의 가치는 상승합니다. 서울 강남권이나 한강변, 도심 핵심 지역 등이 대표적인 예시입니다. 이러한 지역은 대체 불가능한 희소성을 가지고 있어 시장 변동성에도 강한 모습을 보입니다.

셋째, 중요한 요소는 생활 인프라입니다. 주변에 학교, 병원, 마트, 공원, 문화시설 등 생활에 필요한 시설들이 얼마나 잘 갖춰져 있는지 확인해야 합니다. 특히 교육 환경은 주거용 부동산 가치에 매우 큰 영향을 미칩니다. 주변 학교의 수준, 학원가의 분포, 교육 환경의 질적 수준 등을 면밀히 조사해야 하며, 상가의 경우 유동 인구와 접근성이 핵심 요소가 됩니다. 대형 쇼핑몰이나 백화점, 종합병원 등은 지역의 가치를 높이는 중요한 인프라입니다.

 넷째, 개발 호재입니다. 신도시 개발, 대규모 교통망 확충, 기업 유치, 재개발·재건축 등 미래 가치를 높일 수 있는 개발 계획이 있는지는 매우 중요합니다. 이러한 호재는 장기적인 관점에서 부동산 가치 상승을 견인하는 강력한 동력이 됩니다. 다만, 개발 호재는 실현 가능성과 진행 속도를 면밀히 검토해야 합니다. 정현우의 〈개발 호재와 부동산 가치 상승의 관계 연구〉에서 신도시 개발과 대규모 교통망 확충 등 개발 호재는 장기적으로 부동산 가치 상승을 견인하는 주요 요인임을 실증적으로 분석하였습니다.

 다섯째, 일자리 창출 능력입니다. 양질의 일자리가 풍부한 지역은 인구 유입을 촉진하고, 이는 주택 및 상업용 부동산 수요 증가로 이어집니다. 판교 테크노밸리, 마곡지구 등 첨단 산업단지가 조성된 지역의 부동산 가치가 높은 이유가 바로 여기에 있습니다.

(2) 우리 사업과 시너지를 낼 수 있는 입지 발굴 전략

 사업가에게 부동산 입지 선택은 단순히 좋은 투자처를 넘어, 본인의 사업과 시너지를 낼 수 있는 곳을 찾는 과정이기도 합니다. 예를 들어, 특정 산업 분야의 기업들이 밀집해 있는 지역은 관련 비즈니스 기회를 포착하거나 협력 관계를 구축하는 데 유리할 수 있습니다. IT 기업이라면 판교나 강남 테헤란로, 패션·디자인 기업이라면 성수동이나 동대문 인근

이 될 수 있겠죠. 고객 접근성이 중요한 업종이라면 유동 인구가 많고 교통이 편리한 상업 지역이 좋은 입지가 될 것입니다. 물류나 제조와 관련된 사업이라면 교통망이 잘 갖춰진 외곽 지역의 토지나 창고 시설이 필요할 수 있습니다. 우리 사업의 특성과 고객, 그리고 미래 확장 계획을 고려하여 어떤 입지가 사업 운영에 긍정적인 영향을 미칠 수 있을지 전략적으로 고민하는 것이 중요합니다.

저는 2017년 성수동의 지식산업센터를 매입하여 경기도에 있던 사무실을 이전했습니다. 당시 저는 삼성동에 현대 GBC(글로벌 비즈니스 센터)가 건설되고 삼성역 일대가 천지개벽할 것이라는 정보를 접했습니다. '아, 저렇게 큰 개발이 확정되면 수많은 기업이 강남으로 몰려들 텐데, 비싼 강남 사무실을 얻지 못하는 기업들은 어디로 갈까?'라는 고민을 했습니다. 그때 제 머릿속에 떠오른 곳이 바로 영동대교만 건너면 상대적으로 저렴한 사무실이 있는 성수동이었습니다.

성수동은 동대문, 종로, 을지로 등과 인접해 있고, 전통적으로 자동차 정비, 가죽, 인쇄 등 제조업체가 많은 지역이었습니다. 필자처럼 굿즈, 유니폼, 판촉물 등 제품을 만드는 회사에게는 원자재 수급이나 협력 업체와의 소통에 아주 좋은 위치였죠. 게다가 강남, 강북, 경기도 등 어디를 미팅 가더라도 교통이 좋다는 큰 장점이 있었습니다. 서울의 여러 지역을 비교한 후 성수동 지식산업센터에 자리 잡게 되었고, 아직도 현명한 판단이었다고 생각합니다.

개인과 법인으로 지식산업센터를 매입했는데, 성수동이 무섭게 오르자 타 지역의 으리으리한 지식산업센터가 저렴한 가격으로 분양을 시작하기도 했습니다. 하지만 자금이 넉넉하지 못했던 저는 핵심 지역의 물건만 매수해야 한다는 확고한 생각으로 경기도나 타 지역의 매수는 자제했는데, 그것도 지금 생각하면 운이 좋았던 것 같습니다. 이처럼 사업가는 자신의 사업 특성을 가장 잘 이해하고, 그에 맞는 최적의 입지를 찾아야 합니다.

부동산 컨설턴트 이지영 대표는 〈매일경제〉 인터뷰에서 "사업가에게 부동산은 단순히 돈을 버는 수단이 아니라, 사업의 효율성을 높이고 리스크를 줄이는 '전략적 자산'입니다. 특히 사업과 시너지를 낼 수 있는 입지를 선택하는 것이 중요하며, 이는 장기적인 사업 성공의 기반이 됩니다"라고 강조했습니다.

4. 사업가에게 부동산은 생존의 전초기지

이제 한국 부동산 시장은 과거의 획일적인 상승 곡선에서 벗어나, 새로운 지형을 그리고 있습니다. 사업가에게 진정 필요한 것은 단순히 '수익을 안겨주는 자산'이 아닙니다. 바로 '어떤 위기에도 흔들림 없이 버텨낼 수 있는 자산', 즉 든든한 '생존의 방패'입니다.

전국을 통틀어 '모두가 오르는 곳'은 점차 줄어들겠지만, '결코 무너지지 않을 가치'를 지닌 곳은 분명 존재합니다.

저는 확신합니다. 대한민국은 앞으로도 수도권으로의 집중과 포화가 더욱 심화될 것입니다. 서울과 그 주변은 단순한 지리적 공간을 넘어, 경제와 문화, 교육의 심장이자 전 세계의 자본과 인재를 끌어당기는 거대한 자석이 될 것입니다. 한류의 물결이 전 세계를 휩쓰는 것처럼, 런던이나 뉴욕처럼 글로벌 상급지의 부동산은 일시적인 파동 속에서도 결국 우상향하는 굳건한 가치를 증명할 것입니다.

대표에게는 두 개의 시계가 필요합니다. 하나는 사업의 리스크를 치밀하게 관리하는 시계이고, 다른 하나는 바로 생존을 위한 자산 전략의 시계입니다. 이 두 시계를 동시에 읽어낼 때, 비로소 우리는 어떤 파고 속에서도 흔들리지 않을 든든한 기반을 다질 수 있습니다.

이러한 거대한 흐름 속에서, 저는 대표님들께서도 좋은 입지의, 혹은 좋은 입지가 될 곳의 부동산을 용기 있게 품으시길 진심으로 바랍니다. 끊임없는 공부와 노력으로 부동산을 단순한 투기 대상이 아닌, 사업의 든든한 파트너이자 삶의 위안으로 삼으십시오. 그 견고한 자산이 대표님의 사업을 지키고, 가족의 미래를 밝히는 굳건한 등대가 되어줄 것입니다. 이 글이 그 길을 밝히는 작은 불씨가 되기를 소망합니다.

참고문헌

1. 단행본
- 리처드 플로리다, 《도시는 왜 불평등한가》, (안종희), 매일경제신문사, 2018.

2. 학술지 논문
- 이수진, 〈도시 교통망 확충이 부동산 가치에 미치는 영향〉, 《한국도시연구》, 45, 2020.
- 정현우, 〈개발 호재와 부동산 가치 상승의 관계 연구〉, 《한국부동산학회지》, 28, 2022.

3. 정기 간행물
- 이지영, 〈사업 성공의 열쇠, 전략적 부동산 투자〉, 《매일경제》, 2024년 3월 20일. [3]

4. 인터넷 자료
- JLL, "Global Real Estate Outlook 2025," JLL, 2025년 2월 19일.
- 한국부동산원, 〈전국 주택가격 동향조사〉, 한국부동산원 통계청, (접속일: 2025년 6월 21일), https://www.reb.or.kr/r-one/portal/bbs/pres/searchBulletinPage.do

저자소개

김은영 KIM EUN YOUNG

학력

- 서울벤처대학원대학교 정보관리, 경영 전공 경영학 박사
- 중앙대학교 신문방송대학원 광고홍보 전공 석사
- 초당대학교 산업디자인학과 학사

경력

- 현) ㈜키세스 대표(2007~현재)
- 현) 서울 벤처대학원 대학교경영학과 겸임교수(2025년~)
- 현) 글로벌굿즈마케팅협회 회장
- 현) 미래융합통섭학회 대외협력이사
- 현) (사)한국PR협회 KAPR 전문가인증회 부회장
- 현) 중소기업육성자금 심의위원
- 현) 서울숲SKV1관리단 총무이사
- 현) 대한상공회의소 성동구상공회 이사
- 전) 한국판촉선물제조협회(KGM) 심사위원
- 전) 한국판촉선물제조협회(KGM) 카다록 위원

자격

- 채용 면접관 1급 자격증
- 창업 지도사 1급 자격증
- 창직 컨설턴트 1급 자격증
- ESG 전문가 자격증
- 체형관리사 인증(대한다이어트협회)
- PR전문가인증(KAPR)

저서

- 굿즈의 소비가치가 브랜드애착과 구매의도에 미치는 영향 연구(박사논문) 2022.
- 라이프스타일 속성과 인구통계학적 특성에 따른 온라인 판매촉진의 유형별 효과(광고전공 언론학 석사논문) 2006.

수상

- 서울상공회장 표창 수상, 2022.
- 성동구 상공회장 표창 수상, 2021.
- 우수 논문상 수상(스마트연구협회), 2021.
- 대한민국 중소중견기업혁신대상 기술혁신부분 수상, 2013.
- 올해의 녹색상품 3관왕 수상

7장 이신화

2026년
프리미엄 시니어
재테크 트렌드

I. 시니어 인구구조 변화와 재테크 환경

2026년 대한민국은 65세 이상 인구 비율이 22%에 도달하며 초고령사회 진입을 목전에 두고 있습니다. 이미 금융권에서는 50대 이상 고객 비중이 43.5%까지 증가하며 시니어 자산시장의 주도권이 강화되고 있습니다.

이러한 인구구조 변화는 장수 리스크, 저성장, 저금리 환경의 고착화와 맞물려 시니어 세대의 재테크 패러다임을 근본적으로 변화시키고 있습니다. 과거의 단순 예금이나 부동산 위주 투자에서 벗어나, 장기적 관점의 자산 관리와 생활 만족도를 함께 고려하는 통합적 접근이 필요한 시점입니다.

"인구 고령화는 단순한 통계적 현상이 아닌, 금융시장의 근본적 변화를 이끄는 핵심 동력이 되고 있습니다."

(1) 인구 통계로 본 시니어 시장의 변화

통계청 자료에 따르면, 2020년 이후 베이비붐 세대(1955~1963년생)가 본격적으로 은퇴를 시작하면서 금융자산 흐름에 큰 변화가 나타나고 있습니다. 이들은 이전 세대와 달리 디지털 기기 활용에 적극적이며, 평균 기대수명 연장으로 은퇴 후 25~30년의 삶을 계획해야 하는 첫 세대입니다.

특히 주목할 점은 시니어 계층의 양극화 현상입니다. 한쪽에서는 충분한 연금과 자산을 보유한 '프리미엄 시니어'가 등장하고 있으며, 다른 한쪽에서는 노후 준비가 미흡한 취약계층이 증가하고 있습니다. 금융기관들은 이러한 시장 세분화에 대응하여 맞춤형 금융상품을 개발하는 추세입니다.

(2) 시니어 재테크 환경의 새로운 도전

장수 리스크는 시니어 세대의 가장 큰 재무적 위협으로 떠오르고 있습니다. 의학기술 발달로 평균 수명은 지속적으로 연장되고 있지만, 은퇴 시점은 오히려 앞당겨지는 '재정 수명 갭'이 확대되고 있습니다. 국민연금연구원의 분석에 따르면, 은퇴 후 필요 자금은 1인당 평균 3.5억 원 수준으로 추산되며, 이는 10년 전 대비 약 40% 증가한 수치입니다.

글로벌 저금리 기조와 국내 경기 둔화는 안정적인 수익 창출을 더욱 어렵게 만들고 있습니다. 과거 5~6%대 예금금리에 익숙했던 시니어 세대는 현재의 1~2% 수준에서 인플레이션을 상회하는 실질 수익을 내기 위해 새로운 투자 전략을 모색해야 하는 상황입니다.

(3) 금융시장의 구조적 변화

시니어 인구 증가는 금융시장 자체의 구조적 변화도 촉진하고 있습니다. 연금 및 보험 시장의 확대, 상속·증여 관련 금융서비스 수요 증가, 실버테크(Silver-Tech)와 연계된 금융상품의 등장 등이 대표적입니다. 특히 디지털 금융의 발전은 접근성 측면에서 시니어층에게 새로운 기회와 도전을 동시에 제공하고 있습니다.

자산 관리 패러다임도 '자산 축적'에서 '자산 유지 및 현명한 소비'로 전환되고 있습니다. 단순히 자산을 늘리는 것보다 물가상승률을 감안한 실질 구매력 유지, 예기치 못한 의료비 대비, 그리고 삶의 질 향상을 위한 합리적 소비 간의 균형이 중요해지고 있습니다.

2. 시니어를 위한 프리미엄 자산 관리 전략

(1) 맞춤형 자산 관리 추세

현재 금융시장에는 시니어 고객층을 위한 WM(Wealth Management) 및 연금 전문 브랜드가 급속히 확산되고 있습니다. 일반적인 금융상품 판매를 넘어, 시니어 고객의 자산규모, 주택 보유 여부, 가족구성 등을 종합적으로 고려한 맞춤형 솔루션이 금융권의 핵심 경쟁력으로 자리 잡고 있습니다.

특히 시니어 고객의 연령대와 건강상태에 따른 세분화된 자산 관리 서비스가 차별화 요소로 부각되고 있습니다. 액티브 시니어(55~65세)를 위한 성장형 포트폴리오부터 75세 이상 시니어를 위한 안정형 자산 관리까지, 생애주기별 맞춤형 접근이 표준이 되고 있습니다.

(2) 비금융 서비스 연계 확대

자산 관리와 더불어 요양, 주거, 헬스케어 등 비금융 서비스와의 연계가 프리미엄 자산 관리의 새로운 가치로 부상하고 있습니다. 금융기관들은 의료기관, 실버타운, 웰니스 프로그램 등과의 제휴를 통해 재무적 안정과 삶의 질을 동시에 충족시키는 통합 솔루션을 제공하고 있습니다.

최근에는 AI 기반 건강 관리 애플리케이션과 연동된 보험상품, 주거환경 개선을 위한 금융 지원 프로그램 등 기술과 금융이 결합된 혁신적 서비스도 등장하고 있습니다. 이러한 서비스는 시니어의 신체적 변화와 생활패턴을 고려하여 재무계획을 조정하는 중요한 요소로 작용합니다.

(3) 투자 포트폴리오 구성의 변화

시니어 자산 관리에서 포트폴리오 구성은 단순 수익률 추구에서 벗어나 안정성과 유동성을 균형 있게 고려하는 방향으로 진화하고 있습니다. 특히 장수 리스크(Longevity Risk)에 대비한 인플레이션 방어 자산의 비중을 적절히 유지하는 것이 중요해지고 있습니다. 국내외 우량 배당주, 인프라 펀드, 물가연동채권(TIPS) 등이 시니어 포트폴리오의 핵심 자산으로 주목받고 있습니다.

(4) 리스크 관리의 중요성

예상치 못한 의료비 지출이나 시장 변동성에 대비한 안전자산 확보가 필수적입니다. 총자산의 30~40%는 즉시 현금화할 수 있는 유동성 자산으로 유지하는 것이 권장됩니다.

최소 분기별로 자산 포트폴리오를 검토하고, 시장 상황과 개인 상황 변화에 따라 조정하는 습관이 중요합니다. 전문 자산관리사와의 정기적인 상담을 통해 객관적인 평가를 받는 것이 바람직합니다.

① 은퇴 후 20~30년을 대비한 장기 자산 관리 플랜 필수
② 정기적인 포트폴리오 리밸런싱 및 자산 배분 최적화
③ 세대 간 자산 이전 및 상속·증여 계획의 중요성 증가
④ 장수 리스크에 대비한 인플레이션 방어 전략 수립
⑤ 고령화에 따른 의료비 지출 증가 대비한 별도 자금 설정
⑥ 디지털 자산 관리 및 보안에 대한 이해와 준비
⑦ 해외 분산 투자를 통한 국가 리스크 헷지 전략 검토

(5) 프리미엄 시니어를 위한 차별화된 서비스

자산규모 10억 이상의 프리미엄 시니어 고객을 위한 특화 서비스도 확대되고 있습니다. 전담 PB(Private Banker)의 정기 방문 서비스, 가족 구성원을 포함한 종합 자산 관리 컨설팅, VIP 의료서비스 연계 등 토탈 라이프 케어 솔루션이 제공되고 있습니다. 특히 재무적 의사결정 능력 저하에 대비한 신탁 서비스, 디지털 유산 관리 등의 서비스도 주목받고 있습니다.

3. '지속 가능한' 수익률의 이해와 전략

시니어 투자자들은 '높은 수익률'보다 '지속 가능한 수익률'에 더 큰 가치를 두고 있습니다. 이에 따라 채권, ETF, 배당주 등 안정적 수익을 제공하는 상품의 비중이 크게 확대되고 있으며, 인플레이션에 대응하기 위한 글로벌 분산 투자 전략이 선호되고 있습니다. 2026년을 앞둔 현시점에서는 금리 변동성과 지정학적 리스크를 고려한 탄력적 자산 배분이 그 어느 때보다 중요해지고 있습니다.

지속 가능한 수익률이란 단기적 시장 변동성에도 불구하고 장기적으로 인플레이션율을 상회하며 안정적인 현금 흐름을 창출할 수 있는 수준의 수익을 의미합니다. 시니어 자산 관리에서는 원금 보존과 함께 정기적인 소득 창출이 핵심 목표가 되어야 합니다.

(1) 안정형 자산 선호

① 국내외 우량 채권 및 채권형 ETF
② 고배당 우량주 및 배당성장주
③ 인컴형(수익 배당) 포트폴리오
④ 물가연동채권(TIPS)을 통한 인플레이션 헤지
⑤ 단기 국공채 래더링 전략

안정형 자산은 시니어 포트폴리오의 중추적 역할을 담당하며, 전체 자산의 50~60%를 차지하는 것이 바람직합니다.

(2) 글로벌 분산 투자

① 미국 등 선진국 인덱스 투자
② 신흥국 선별적 투자 확대
③ 통화 다변화 전략
④ 글로벌 섹터별 선별적 접근
⑤ ESG 기준 적용 글로벌 투자

지역적 분산 투자는 특정 국가의 경제 위기나 통화 가치 하락 리스크를 분산시키는 효과가 있습니다.

(3) 대체 투자 관심 증가

① 디지털 자산의 제한적 활용
② 부동산 간접 투자(리츠 등)
③ 프라이빗 에쿼티 및 헤지펀드
④ 인프라 및 재생에너지 투자
⑤ 농지 및 임야 투자 옵션

대체 투자는 전통적 자산과의 낮은 상관관계로 포트폴리오 안정성을 높이는 보완재 역할을 합니다.

(4) 리스크 관리 중심의 포트폴리오 운용

시니어 투자자들에게 있어 리스크 관리는 수익률 추구보다 우선시되어야 합니다. 다음의 리스크 관리 원칙은 지속 가능한 수익률 달성의 기반이 됩니다.

(5) 유동성 관리

최소 1~2년 생활비에 해당하는 비상자금을 단기 유동성 자산으로 유지하고, 정기적인 현금 흐름 계획을 수립해야 합니다.

1) 재투자 리스크 대비

금리 사이클에 따른 재투자 리스크를 방지하기 위해 만기 다변화 전략을 적용합니다.

2) 정기적인 포트폴리오 리밸런싱

시장 변동에 따라 6개월 또는 1년 주기로 목표 자산 배분을 재조정하여 리스크를 관리합니다.

3) 실전 포트폴리오 구성 예시

다음은 65세 은퇴자 기준, 자산 규모별 포트폴리오 구성 예시입니다.

자산규모	안전자산	성장자산	대체 투자	현금성
5억 원 미만	60%	20%	5%	15%
5억-10억 원	50%	25%	15%	10%
10억 원 초과	40%	30%	20%	10%

"시니어 투자의 핵심은 폭발적 수익보다 지속적인 현금 흐름과 자산가치 보존에 있습니다. 우량자산의 장기 보유와 분산 투자 원칙은 시장 변동성 속에서도 안정적 수익을 가능하게 합니다."

인생 후반부의 자산 관리는 시행착오의 여유가 적기 때문에, 검증된 전략과 원칙에 기반한 신중한 접근이 필요합니다. 지속 가능한 수익률 추구는 단순한 투자 전략이 아닌, 은퇴 후 삶의 질을 결정짓는 핵심 요소임을 명심해야 합니다.

4. 절세 및 은퇴 설계
: 실전 솔루션

(1) 연금자산 확대

연금저축, IRP(개인형 퇴직연금) 최대 활용으로 세제혜택과 노후소득 동시 확보

① 연금저축계좌: 연 최대 700만 원 납입 시 세액공제 혜택
② IRP: 연 1,800만 원까지 세액공제 가능, 퇴직금 관리에도 유리
③ 국민연금 임의가입 및 추납으로 기초 연금자산 확충

(2) 상속·증여 대응

가족신탁, 증여신탁 등을 활용한 계획적 자산 이전으로 세부담 최소화

① 10년 증여세 합산과세 고려한 분산 증여 전략
② 가업 승계 시 특례 제도 활용으로 세부담 경감
③ 부동산 증여 vs 상속 시나리오별 절세효과 비교

(3) 세테크 상담

종합소득세, 양도소득세, 상속·증여세 관련 전문 컨설팅 서비스 활용

① 금융기관 프리미엄 PB서비스 절세 컨설팅 활용법
② 세무사 상담 시 체크포인트와 질문 리스트
③ 연 1회 이상 정기적 세무점검 루틴 구축

(4) 부동산 절세 전략

1가구 1주택 비과세 요건 활용 및 양도소득세 절세 방안

① 장기보유특별공제 최대화 전략
② 주택임대사업자 등록을 통한 세제혜택 활용
③ 비과세 요건 충족을 위한 명의 관리

2026년에는 세금이 자산 관리의 핵심 변수로 부상하며, 단순한 투자 수익보다 '세후 실질 수익률'이 중요한 판단 기준이 되고 있습니다. 특히 국가의 세수 확보 필요성이 높아지면서 금융소득 과세 강화, 부동산 보유세 인상 등의 조세환경 변화에 선제적으로 대응하는 절세 전략이 필수적입니다.

또한 세금뿐 아니라 의료비, 요양비 등 노후 필수 지출에 대비한 종합

적 은퇴 설계가 재테크의 핵심 요소로 자리 잡고 있습니다.

(5) 연령대별 맞춤형 절세 전략

50대는 소득이 정점에 이르는 시기로, 퇴직 전 연금자산 극대화와 자산 재배치에 초점을 맞추어야 합니다. 60대는 퇴직소득세 절세와 연금 수령 방식 최적화가 중요하며, 70대 이상은 상속·증여 계획과 의료비 세액공제 활용에 주력해야 합니다.

1) 소득공제 vs 세액공제
소득공제는 과세표준을 낮추는 방식이고, 세액공제는 산출세액에서 직접 공제받는 방식입니다. 세액공제가 일반적으로 더 유리하나, 개인의 소득구간과 공제항목에 따라 달라질 수 있어 맞춤형 분석이 필요합니다.

2) 금융상품 과세체계
이자소득, 배당소득, 금융투자소득 등 금융상품별 과세체계를 이해하고, 비과세·감면 상품(비과세 해외주식형 펀드, 국내주식 매매차익 등)을 포트폴리오에 적절히 배분하는 것이 중요합니다.

3) 은퇴 설계 필수 체크포인트
은퇴 후 필요 생활비 산정, 의료비 및 요양비 추정, 예상 수명에 따른 자산 소진 시뮬레이션 등을 통해 구체적인 은퇴 재무계획을 수립해야 합니다. 특히 평균 수명 연장으로 인한 '장수 리스크'에 대비한 자산 배분이 중요해지고 있습니다.

세금 절감과 은퇴 설계는 일회성이 아닌 지속적인 관리가 필요한 영역입니다. 매년 달라지는 세법과 본인의 자산 상황에 맞춰 전략을 조정하고, 전문가의 조언을 적극적으로 활용하는 것이 장기적으로 더 큰 자산 가치를 보존하는 길입니다.

5. 시니어 전용 금융 혁신과 상품

금융기관들은 고령화 시대에 맞춰 시니어 특화 상품을 적극적으로 개발하고 있습니다. 특히 실버보험 시장이 크게 확대되어 기존에 가입이 어려웠던 고령층을 위해 가입 연령과 보장 범위가 확대된 상품들이 출시되고 있습니다. 80세 이상도 가입 가능한 간병보험, 치매보험 등이 대표적인 예로, 기존에는 70세가 한계였던 가입 연령이 상향 조정되고 있습니다.

국내 주요 은행과 증권사들은 시니어 자산 관리 특화 서비스를 출시하며, 연령대별 맞춤형 포트폴리오와 은퇴 이후 현금 흐름 관리에 중점을 둔 컨설팅 서비스를 강화하고 있습니다. 이러한 서비스는 단순 금융상품 판매를 넘어 시니어 고객의 전반적인 자산 관리와 삶의 질 향상을 목표로 합니다.

(1) 헬스케어 연계 금융상품

건강검진, 만성질환 관리 등과 연계된 보험 및 투자상품.

국내 대형 보험사들은 웨어러블 기기를 활용한 건강 관리형 보험상품을 출시하여 건강 관리 실천 시 보험료 할인 혜택을 제공합니다. 또한 특정 질환 맞춤형 보험과 함께 정기적 건강검진, 전문의 상담 서비스까지 패키지로 구성된 통합형 상품이 인기를 끌고 있습니다.

(2) 주거 안정 금융 패키지

주택연금, 실버타운 입주 보증, 시니어 전용 주택담보대출.

주택금융공사와 민간 금융기관들은 시니어의 주거 안정성을 높이기 위한 다양한 금융상품을 선보이고 있습니다. 주택연금의 경우 가입 조건이 완화되고 옵션이 다양화되었으며, 프리미엄 실버타운 입주를 위한 장기 분할납부형 금융상품도 등장했습니다. 또한 시니어의 세컨드하우스 구입을 위한 특화 대출 상품도 출시되고 있습니다.

(3) 디지털 접근성 강화

시니어 친화적 UX/UI를 갖춘 금융 플랫폼 및 앱 서비스.

디지털 소외계층인 시니어를 위해 글자 크기 조절, 음성 안내, 단순화된 메뉴 구조 등을 갖춘 시니어 전용 뱅킹 앱이 출시되고 있습니다. 일부 금융기관은 시니어 디지털 교육 프로그램을 운영하며, 대면 서비스와 디지털 서비스를 유기적으로 연결한 하이브리드 금융 서비스 모델도 확산

되고 있습니다.

특히 주목할 점은 금융상품과 비금융 서비스의 경계가 허물어지고 있다는 것입니다. 헬스케어 서비스와 연계된 건강보험, 실버타운 입주권과 결합된 연금상품 등 시니어 라이프스타일 전반을 고려한 통합 금융 패키지가 새로운 트렌드로 자리 잡고 있습니다.

또한 ESG(환경·사회·지배구조) 투자에 관심이 높은 시니어층을 위한 사회책임투자형 금융상품도 확대되고 있습니다. 이는 노후자산 증식뿐만 아니라 사회적 가치 실현에도 기여하고자 하는 시니어들의 니즈를 반영한 것입니다.

해외에서는 이미 '실버테크(Silver Tech)'라는 용어가 등장할 정도로 시니어 대상 금융기술 혁신이 활발하게 이루어지고 있습니다. 국내에서도 인공지능 기반 자산 관리, 원격 금융 상담, 디지털 유산 관리 서비스 등 첨단 기술을 활용한 시니어 특화 서비스가 빠르게 발전하고 있어, 향후 시니어 금융시장은 더욱 세분화되고 전문화될 전망입니다.

6. 부동산·세컨드하우스와 전원라이프

2026년 시니어 부동산 시장은 단순 주거 목적을 넘어 삶의 질과 연결된 다양한 형태로 발전하고 있습니다. 농막, 체류형 쉼터, 모빌 주택 등

유연한 형태의 세컨드하우스에 대한 관심이 크게 확대되고 있으며, 시니어 맞춤형 요양시설과 실버타운도 새로운 부동산 투자처로 부상하고 있습니다.

특히 정부의 규제 완화로 전원주택과 농막에 대한 접근성이 높아지면서, 도시와 농촌을 오가는 듀얼라이프를 추구하는 시니어들이 늘고 있습니다. 이러한 트렌드는 단순한 자산 증식보다 '살기 좋은 곳에 대한 투자'라는 가치 중심의 부동산 접근법을 보여줍니다.

(1) 시니어 부동산 투자 고려사항

① 의료시설 접근성 및 교통 편의성
② 관리 비용 및 유지보수 용이성
③ 커뮤니티 형성 가능성
④ 향후 매매 또는 임대 수요 예측

"부동산은 더 이상 단순한 자산이 아니라, 인생 2막의 무대이자 삶의 질을 결정하는 핵심 요소입니다."

7. 삶의 질을 위한 복합 재테크

프리미엄 시니어 재테크의 새로운 패러다임은 금전적 수익과 삶의 만족도를 함께 높이는 '복합 재테크'에 있습니다. 취미, 여가, 건강에 대한 지출을 단순한 소비가 아닌 삶의 질 향상을 위한 투자로 재해석하는 균형형 자산 관리가 주목받고 있습니다. 시니어 세대가 진정한 부를 경험하기 위해서는 재무적 풍요로움과 함께 신체적, 정서적, 사회적 웰빙이 통합된 종합적 접근이 필요합니다.

2026년을 앞둔 시점에서 프리미엄 시니어들은 단순히 돈을 모으는 것을 넘어 어떻게 의미 있게 활용할 것인가에 대한 깊은 고민을 하고 있습니다. 은퇴 후 20~30년이라는 긴 시간을 어떻게 채울 것인가, 그리고 그 시간을 위한 자원을 어떻게 배분할 것인가는 재테크의 핵심 질문이 되었습니다.

(1) 경제적 안정

기본 생활비와 의료비를 충당할 안정적 현금 흐름 확보

① 인플레이션을 고려한 은퇴자금 세부 계산
② 정기적 수입을 보장하는 연금 포트폴리오 구축
③ 예상치 못한 비용을 위한 비상자금 3년치 확보

④ 장기요양보험과 실버케어 비용 대비책 마련

(2) 건강 투자

의료비 절감과 삶의 질 향상을 위한 예방적 건강 관리

① 웨어러블 디바이스를 활용한 일상 건강 관리 시스템 구축
② 프리미엄 건강검진 및 맞춤형 영양 프로그램 활용
③ 시니어 특화 피트니스 멤버십과 운동 코칭 프로그램
④ 치료보다 예방에 중점을 둔 웰니스 비용의 전략적 배분

(3) 관계 형성

사회적 고립 방지와 공동체 참여를 통한 정서적 만족

① 취미 기반 커뮤니티 활동 정기 참여 (독서모임, 원예, 음악 등)
② 시니어 코리빙 하우스 및 공유 주거 모델 탐색
③ 세대 통합형 지역사회 프로젝트 참여 및 지원
④ 디지털 플랫폼을 활용한 새로운 인간관계망 구축

(4) 성장과 기여

재취업, 창업, 사회공헌을 통한 지속적 자기실현

① 시니어 특화 온라인 교육 플랫폼을 통한 지속적 학습
② 경험과 전문성을 활용한 멘토링 및 컨설팅 활동
③ 소규모 창업 또는 프리랜서 활동을 통한 보람과 수입 창출
④ 기부 및 유산 기획을 통한 세대 간 가치 전달

특히 임팩트 투자, 지역 커뮤니티 프로젝트, 사회적 기업 지원 등 자신의 가치관을 반영한 '의미 있는 투자'가 시니어 세대에게 큰 호응을 얻고 있습니다. 이는 단순한 금전적 수익을 넘어 사회적 가치 창출과 개인의 만족감을 동시에 추구하는 새로운 재테크 철학을 보여줍니다.

프리미엄 시니어들은 ESG 투자 상품, 지속가능한 발전을 추구하는 기업들에 대한 투자, 그리고 지역사회 발전을 위한 크라우드펀딩 참여 등을 통해 자신의 자산이 사회에 긍정적 영향을 미치도록 하는 '목적 지향적 투자'에 높은 관심을 보이고 있습니다. 이러한 투자는 수익률만큼이나 투자의 사회적 임팩트를 중요시하는 새로운 투자 패러다임을 반영합니다.

"진정한 부는 통장 잔고가 아니라, 건강, 관계, 목적의 균형에서 비롯됩니다. 시니어 세대의 복합 재테크는 이 모든 영역에서의 풍요로움을 추구합니다."

복합 재테크의 핵심은 각 영역 간의 균형과 시너지를 찾는 것입니다. 예를 들어, 사회적 기업에 투자함으로써 경제적 수익과 함께 사회적 관계망 확장과 자기실현을 동시에 추구할 수 있습니다. 또한 건강에 대한 선제적 투자는 장기적으로 의료비 지출을 줄이고, 활동적인 노후를 가능케 하여 다른 영역의 만족도를 높이는 기반이 됩니다.

8. 실천 가이드
: 셀프 체크리스트

(1) 현황 파악

현재 보유자산과 연금, 보험 등의 가입 현황을 종합적으로 점검하세요. 국민연금, 퇴직연금, 개인연금의 예상 수령액과 시기를 정확히 파악하는 것이 중요합니다.

(2) 리스크 분석

필수 생활비와 예상 의료비용, 장수 리스크를 계산해 보세요. 기대수명을 90세 이상으로 설정하고, 인플레이션 영향을 고려한 실질적인 필요자금을 산출하는 것이 중요합니다.

(3) 역량 강화

디지털 금융 역량과 금융 지식을 지속적으로 업데이트하세요. 온라인 뱅킹, 모바일 앱 활용, 금융사기 예방 등 시니어 맞춤형 금융교육 프로그램 참여를 적극적으로 고려하세요.

월 필수 생활비	기본 생활비, 주거비, 의료비 등 필수 지출 항목 합계
예상 월 연금 수입	국민연금, 퇴직연금, 개인연금 등 예상 월 수령액
수입-지출 갭	추가 투자수익으로 메워야 할 월간 금액
비상자금	6개월~1년치 생활비에 해당하는 유동성 자금

"재무 현황의 정확한 진단이 프리미엄 시니어 재테크의 첫걸음입니다."

9. 결론: 균형과 지속성의 시대, 프리미엄 시니어 재테크

2026년 프리미엄 시니어 재테크의 핵심은 '균형'과 '지속성'에 있습니다. 경제적 안정과 삶의 만족을 동시에 추구하는 통합적 접근법이 필수적이며, 단기적 수익보다는 장기적 관점에서 자산과 행복을 함께 키우는 방향으로 재테크 패러다임이 진화하고 있습니다.

(1) 경제적 안정과 삶의 질 균형

자산 증식과 소비 사이의 최적 균형점을 찾아 경제적 안정과 삶의 만족도를 함께 높이세요.

(2) 리스크 관리 중심 접근

높은 수익보다 안정성과 지속가능성에 초점을 맞춘 리스크 관리 중심의 자산 관리가 중요합니다.

(3) 전문가 협업의 중요성

금융, 세무, 법률, 부동산 등 다양한 분야의 전문가와의 협업을 통해 종합적인 자산 관리 전략을 수립하세요.

프리미엄 시니어 재테크는 단순한 자산 증식을 넘어 인생 2막의 풍요로운 설계를 위한 종합적인 접근법입니다. 금융적 안정을 바탕으로 건강, 관계, 의미 있는 활동에 투자함으로써 경제적·정서적 풍요를 함께 이루는 균형 잡힌 재테크 전략이 더욱 중요해질 것입니다.

참고문헌

- 한국은행 (2025). '고령화 사회의 자산관리 동향과 전망'. 금융시장보고서
- 금융위원회 (2025). '시니어 금융 활성화 방안'. 정책보고서
- 보건복지부 (2024). '초고령사회 진입에 따른 사회경제적 변화 연구'
- 한국금융연구원 (2025). '시니어 자산관리 트렌드와 금융상품 발전 방향'
- 통계청 (2025). '인구구조 변화와 경제활동 전망'
- 대한상공회의소 (2025). '시니어 산업 현황과 성장 가능성'
- 한국주택금융공사 (2025). '노후 주거안정을 위한 금융지원 방안'
- 김영진 (2025). '100세 시대의 자산관리와 행복한 노후'. 미래금융출판
- 이신화 (2025). '프리미엄 시니어 재테크 설계법' 부크크 출판
- 박지원 (2024). '시니어 투자자를 위한 포트폴리오 구성 전략'. 금융경제연구
- 이상민 (2025). '디지털 시대의 시니어 금융 접근성 개선 방안'.

저자소개

이신화 LEE SHIN HWA

학력
- 경영학 박사
- 건국대학교 교수
- 연세대학교 경영대학 상남경영원

경력
- 고려대학교 미래교육원 창업전문가과정 교육 총괄
- AI+ESG 창업 미래전략센터 센터장
- ㈜더청담교육연구소 대표 연구소장
- ㈜신화커머스아이앤씨 대표이사
- 서울시 교육청 박사 리더단(독서토론, 진로지도, ESG경영, 기업가정신, 스타트업, 디지털마케팅, AI, 경제, 경영 비즈니스 모델)
- 정부지원사업 대학혁신 창업동아리 취창업진로/창업경진대회 KEO 지도교수
- 서울청년센터 강북청년창업마루 전문위원, 멘토 교수
- 인천광역시 인천시청 스마트도시사업협의회 위원
- (사)한국벤처창업학회 이사/(사)한국마케팅학회 정회원

- (사)한국프랜차이즈경영학회 부회장/CEO분과 위원장
- (사)한국외식산업학회 부회장
- 중소벤처기업부 창업벤처분야 전문위원/ 비즈니스지원단
- 창업진흥원 창업사업 평가위원회 평가 심사위원
- 여성기업 경영애로지원센터 CEO멘토(중소벤처기업부/여성경제인협회)
- 한국사회적기업진흥원 심사 평가 자문위원
- 충남사회적경제지원센터경영지원 전문위원
- KIDP한국디자인진흥원 심사 평가위원
- 서울신용보증재단 상권제안서 평가위원
- 경기도 일자리재단 심사 평가위원
- 한국관광공사 관광벤처사업 평가위원
- 인천관광공사 인천관광기업지원센터 심사위원
- 성남시 상권활성화재단 평가 및 심의위원
- 예비창업패키지 발표평가 심사위원
- 유니콘기업 발표평가 심사위원
- 국제인플루언서협회 한국위원
- 광진구청 평생교육센터 재능기부교수
- 서울YMCA노원여성인력개발센터창업강의 및 멘토교수
- 특허청 한국발명진흥원 브랜드개발분야 재능나눔교수
- 충남사회적경제지원센터경영지원 전문위원
- ESG 기업가정신 전문가(중소벤처기업부/청년기업가정신재단 교육과정/ KEI 국가기후위기 적응센터기후위기 적응아카데미 교육)
- AI, ESG, 창업, 유통, 브랜딩 관련 특강 및 공공기관 자문 활동 다수

자격

마케팅 기획전문가 / ESG 전문가 / 빅데이터전문가 / 기업교육전문가 / 기후변화전문가 / 광고기획전문가 / 검색광고마케터 / SNS·유튜브·쇼핑몰 라이브커머스 미디어콘텐츠전문가 / 창업지도사 / 창업상권분석지도사 / 프랜차이즈 컨설턴트 / HRD 및 리더십지도사 / 진로직업상담사 등 20여 개 자격

저서

- 《청년창업과 기업가정신》, 2025.
- 《스타트업 마케팅과 유통 세미나》
- 《정부지원사업 발표평가, 이렇게 통과한다》, 부크크 출판, 2025,
- 《인공지능 사회 안전기술과 안전경영》, 브레인플랫폼, 2025. 공저
- 《재테크 실전 노하우》, 브레인플랫폼, 2025. 공저
- 《프리미엄 시니어 창업스쿨》, 2025.
- 《한 번에 통과하는 예비 창업패키지 사업계획서 작성법》, 부크크, 2025.

수상

- 대한민국 국민브랜드대상, 2016.
- 글로벌기부문화공헌대상, 2019.
- 《대한민국을 빛낸 13인 대상》 수훈부문
- 대한민국교육대상 '창업경영 교육공헌' 부문, 2022.
- 대한민국 33인 인물대상 - 창조경영대상, 2023.
- 기업가정신 창업교육대상, 2024.
- 캡스톤디자인경진대회 우수지도자상, 2024
- ESG 공헌 대상 · 국회 표창장 수상(농림축산식품해양수산위원회), 2025.

8장 추창엽

월급쟁이도 부자가 될 수 있다

1. 마음의 부자가 진정한 부자이다

사람의 욕심은 끝이 없다. 하나를 얻고 나면 또 다른 것을 얻고자 하는 것이 사람의 심리이다. 가난한 사람은 탓만 하고 살고, 부자는 현실에 만족하면서 산다. 말단공무원이 '월급쟁이도 부자가 될 수 있다'는 주제로 집필하는 것에 대해 모두가 의문을 갖고 이상하게 생각할 것이다. 나는 백만장자도 아니고, 권력자도 아니지만 무엇 하나 부러움 없이 살고 있다.

나는 넓은 저택이나 고급 아파트에도 살고 있지 않다. 그저 평범한 삶을 살고 있다. 딸 3명이 내가 살고 있는 집에서 10분 이내에 살고(단독주택) 있고 아들 부부는 부자들이 살고 있는 서울시 송파구(아파트)에서 살고 있다. 손자 3명, 손녀 4명, 나의 가족은 모두 16명이다. 대가족의 가장으로서 흔들림 없이 푸른 소나무가 되어 가정을 지켜가고 있다. 내가 살고 있는 집은 '황금연못'으로 지정하고 나를 아는 사람들이 언제든지 와서 마음껏 놀다 가는 곳이다. 2016년 2월 20일 KBS 1TV 황금연못(사랑합니다. 당신의 세월) 에 방영된 집이다.

 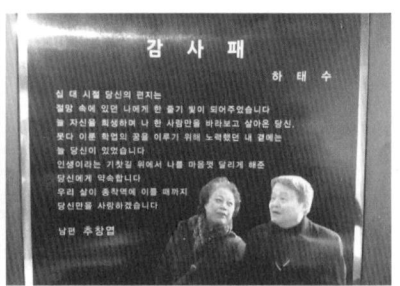

현재 사랑하는 아내와 살고 있는 집은 대지 50평에 지은 4층 단독주택이다. 자녀들은 모두 분가를 하고 아내와 둘이 살고 있다. 3층은 아내와 나의 보금자리이고, 4층은 나의 공부방이다. 모든 남성들의 소박한 꿈이 자신만의 공간인 서재를 갖는 것이다. 나는 그 꿈을 이루고 나만의 공간을 잘 활용하고 있다. 친척이나 지인들이 찾아오면 나의 서재에서 담소를 나누고 함께 잠을 자기도 한다.

여름에는 옥상에 심어놓은 상추, 고추를 안주 삼아 시원한 막걸리를 마신다. 이 세상을 다 얻은 기분이다. 주말이면 손자, 손녀들이 와서 미끄럼도 타고, 공치기도 하고, 윷놀이, 바둑, 노래자랑 등 그 누구의 눈치도 보지 않고 마음껏 뛰어노는 모습에서 '내가 정말 부자구나' 하는 만족감을 느끼게 된다. 내가 좋아하는 커피를 타서 주면 용돈을 주니까 손자, 손녀들이 서로 커피를 타겠다고 다툼도 하는데 그 재롱을 보며 이 험한 세상살이에 찌든 나의 얼굴에 웃음꽃이 활짝 피기도 한다.

나는 엄한 아버지로부터 사랑을 받지 못하고 성장하면서 가난으로 인해 초등학교 5학년 때 자퇴를 한 아픈 추억이 있다. 하지만 나는 그 누구도 원망하지 않고 나에게 주어진 삶에 온 힘을 다해 살아왔다.

언론에 기고한 〈초등학생 5학년 자퇴생이 박사가 되다〉에서 나는 박사가 되기까지의 피나는 노력을 공개하였다. 공무원 시험에 합격하여 서울에서 새로운 삶을 시작한 것이 1978년 6월(철도청)이다.

1978.06.13.~2024.12.31.
(46년 6개월 18일 재직)
철도청/한국철도공사/인재개발원/
한국철도운수협회/코레일네트웍스

정년퇴직 2번
인재개발원/2012.12.31.
코레일네트웍스(주)/2024.12.31.

시골 촌놈이 서울에서 정착하는 데 있어서 많은 시행착오가 있었다. 1980년 5월 25일에 결혼하여 구산동에 방 한 칸을 얻어 한 가정을 꾸려 갔다. 집 없는 서러움이 시작되었다.

자녀가 4명이나 되니까 월세방이나 전세방도 주지 않았다. 나는 아내를 부둥켜안고 약속했다. 자녀들이 결혼하기 전에 단독주택을 구입하여 주겠다고…. 1980년대 공무원 봉급은 여섯 식구가 먹고사는 생활비 정도일 뿐 저축은 꿈에서만 할 수 있었다. 전셋집을 벗어나기 위해 여가를 활용하여 이 골목 저 골목을 다니면서 공병이나 휴지를 모아서 생활비에 보탰고, 길거리에 있는 가판대를 아내의 친구로부터 인수받아서 4명의 자녀들과 함께 아내는 장사를 했다.

큰 도로변이라 어린 자녀들이 교통사고가 나면 어떻게 하나 조바심을 갖고 장사를 하는 아내에게 결혼할 때 반지 하나, 옷 하나 해주지 못한 남편이 보답하는 길은 청렴한 공무원이 되는 것이었다. 1994년 9월 8일 세종문화회관에서 국무총리, 교통부장관, 경찰청장 등 고위직 공무원들이 참석한 가운데 교통부장관상을 받았다. 청렴한 공무원의 아내가 된 것에 긍지와 자부심을 갖고 살아준 아내가 고맙고 감사했다. 공무원 사회에서 승진한다는 것은 우리 말로 하늘에 있는 별을 따는 것과 별로 차이가 없다는 것을 절실하게 깨닫게 되었다. 교통부장관 표창을 받고 승진했을 때, 그동안 남편을 믿고 내조를 해준 아내에게 모든 영광을 돌렸다.

2. 서울 하늘 아래, 집주인이 되다

아내의 헌신적 노력으로 우리 부부는 결혼 후 7년 만에 집주인 되었다. 대림동에 방 3개, 부엌 3개, 우리가 방 1개를 사용하고 2개를 전세를 놓았다. 집주인이 되고 장녀가 대동초등학교에 입학하여 집 없는 서러움을 자녀에게 주지 않겠다는 꿈을 이루게 되었다. 그 집에서 3년 살고 그 집을 팔아서 1990년 도림동으로 이사를 했다. 대지 34평에 지은 이층 집으로, 1층은 전세를 놓고 2층은 우리가 사용했다. 자녀들이 성장한 후 2004년 7월경 그 집을 팔고 새로운 집을 구입하여 지금까지 살고 있다.

집 걱정을 하지 않게 되자, 아내가 조심스럽게 대학교에 가는 게 어떻겠냐고 물었다. 어린 시절 못한 공부를 해보자는 것이었다. 그때 내 나이가 50세였다.

대지 50평 4층 단독주택
3층은 우리 부부의 보금자리
4층은 서재(공부방)

2004년 7월부터 현재까지
살고 있음
(2018년 2월 아들에게 증여함)

아내의 권유 덕분에 나도, 아내도 대학생이 되어서 우리 부부는 멋진 대학생활을 할 수 있었다. 백련도로 여행도 가고 일본으로 견학도 가면서 만학도의 꿈을 하나하나 이루어 갔다. 대학교에서 조기졸업을 하고 광운대학교 상담복지정책대학원에 입학하여 원우회장도 역임하고 우수 논문상도 받고 졸업하여 한국철도공사 인재개발원에 가는 영광을 갖게 되었다.

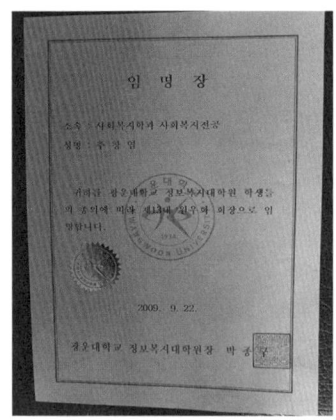

광운대학교 상담복지정책대학원
원우회장 임명장

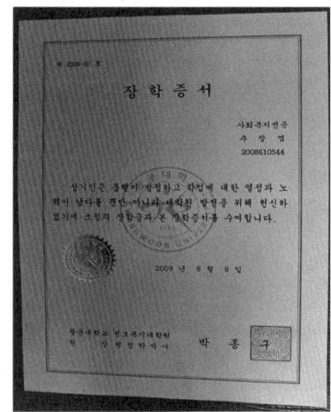

장학증서
(우수장학금)

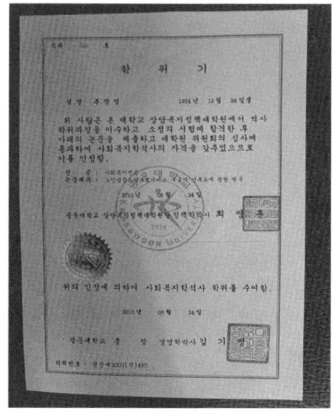

학위기(광운대학교)
2010.08.24.

우수논문상(상패)

　대학원 시절, 기억에 남는 추억은 원우회비로 장학금을 준 것이었다. 원우님들의 반대에도 불구하고 학교 측과 타협하여 30명에게 장학금을 전달했을 때, 돈이 없어서 제대로 학교에 다니지 못했던 나의 한을 풀 수 있었다.

3. 두 번째 집을 구입하다

　하늘은 나를 버리지 않았다. 나에게 절호의 기회가 찾아왔다. 철도청이 공사로 대전환을 하게 되었다. 공무원에서 공사 직원으로 신분이 바뀌었다. 공사에 근무하면서 월급도 받고 연금을 받으니까 연봉이 일억 원이 넘었다. 나 한사람만을 사랑해 온 아내에게 선물을 주고 싶었다. 돈이란 없으면 불편하고, 있으면 교만해지는 것이다. 돈을 잘 사용하는 사람이 가장 현명한 사람이다.

 적은 돈으로 집을 구입하기 위해 이곳저곳 부동산을 다닌 보람이 있었다. 주차도 할 수 있었고 무엇보다도 넓은 길이 있는 코너에 있는 집이라서 마음에 들었다.

대지 30평 3층 단독주택
2005년 7월 아내 명의로 구입

 두 번째 집을 구입하고 아내 이름으로 문패를 만들어서 대문에 붙였다. 내가 먼저 죽더라도 아내가 자식들한테 버림받지 않으려면 재산이 있어야 한다는 것을 알기에 아내가 먹고살 수 있는 터전을 마련해 주었다.

 가장 행복한 남자는 아내를 여왕님으로 모시고 사는 사람이다. 황혼이혼이 사회적 이슈가 되어가고 있다. 아내와 10대 때 만나 지금까지 살아오면서 단 한 번도 싸우지 않았다. 나는 강의를 할 때마다 화면에 아내의 사진을 띄우고 '아내를 여왕님으로 모시고 사는 추창엽 강사'로 나를 소개하고 있다. 아내가 내 곁에 있다는 것이 큰 힘이 되고 강의를 더 잘할 수 있기 때문이다. 다른 사람들은 그런 나를 보고 흉을 볼지도 모르지만, 나에게는 아내밖에 없다. 나를 사랑해 주는 사람이….

4. 새로운 삶에 도전 (정년퇴직 후)

한국철도공사 인재개발원에서 정년퇴직하고 자유의 몸이 되었지만 나와 가족을 위해서는 일자리가 필요했다. 서울시 각 구청에 원서를 내었지만, 어디에서도 나를 받아주지 않았다. 송충이는 솔잎을 먹어야 하듯이 철도가 나를 다시 불러주었다. 2013년 3월 한국철도운수협회에 재취업하여 근무하는 영광이 주어졌다. 그러나 사람의 일이란 알 수 없듯이 그곳에서 계속 근무하지 못하고 코레일네트웍스 시험에 합격하여 2014년 9월 두 번째 직장을 갖게 되었다.

아내의 권유로 박사학위 취득을 위해 2014년 9월 다시 공부를 시작했다. 한 분야에서 전문가가 된다는 것은 자신과의 싸움이었다. 박사학위(상담학 박사)를 받고 서울사회복지대학원대학교에서 강의를 하는 교수가 되었다. 2013년 11월 한국시니어교육사협회에 참여하여 노인들의 삶의 질 향상에 따른 강의를 할 수 있는 강사 양성과정을 개설하여 교육을 시키고 전국 노인대학에 강사를 파견하는 등 새로운 일에 도전했다.

(사)대한노인회
㈜노년시대사
백세시대
(2015년 5월 8일)

"시도하지 않으면 아무것도 이룰 수가 없다"

5. 꿈이 현실로

자녀들이 성장하여 대학교를 졸업한 후 장녀와 셋째 딸은 한국철도공사에 들어가고, 차녀는 농협, 아들은 경찰공무원으로 각자의 삶을 살아가고 있다.

자녀들이 결혼하기 전에 집을 구입해 주겠다는 약속을 지키기 위해 아내도 여행사에 취업하여 맞벌이 부부가 되었다. 온 가족이 한마음 한뜻으로 돈을 모으는 데 최선을 다했다.

3번째 집을 구입하여 차녀에게 주었다. 차녀가 결혼하여 아들 2명을 낳고 시부모님을 봉양하면서 행복하게 잘 살고 있다. 4번째 집은 장녀가 살고 5번째 집은 셋째딸이 결혼하여(딸 2, 아들 1) 살고 있다.

대지 42평 4층 단독주택
둘째 딸이 살고 있음

대지 38평 4층 단독주택
장녀가 살고 있음

대지 26평 4층 단독주택
셋째 딸이 살고 있음

자녀 4명에게도 각각 단독주택을 구입해 주어 집 걱정 없이 잘 살고 있다.

6. 국가와 사회가 나를 인정해 주었다

나의 삶이 힘들 때는 자녀들의 집을 방문하여 그 집을 구입할 때 내가 선택하고 결정한 것에 대해 뒤돌아보고 내가 흘린 피와 땀과 눈물의 대가라고 스스로 위안을 받기도 한다. 가난한 농부의 셋째 아들로 태어나서 부모 형제로부터 사랑도 받지 못했지만, 실천 가능한 목표를 세우고 주경야독하면서 정말 열심히 살아왔다.

나는 대학원을 나와 박사학위(박사학위 논문 성격적 강점이 성인의 행복감 증진에 미치는 영향에 관한 연구)를 받았으며, 자녀 4명도 모두 대학교를 나와 공공기관에 재직하고 있다. 사회활동으로 한국시니어교육사협회 총무이사와 대한민국 바른통일포럼 회장, 한국신지식인협회중앙회 이사, 영등포구 청소년지도협회 자문위원장, 주민자치위원회 부회장, 신길3동 제2통장, 서울사회복지대학원대학교 교수, 진흥원격평생교육원 운영교수, 해커스원격평생교육원 운영교수, KBS스포츠과학예술원 공공기관 면접관 교수, 한국컨설턴트사관학교 면접관 교육 등에 기여한 공로로 2020년 7월 1일 대한민국 교육 분야 신지식인으로 선정되었다.

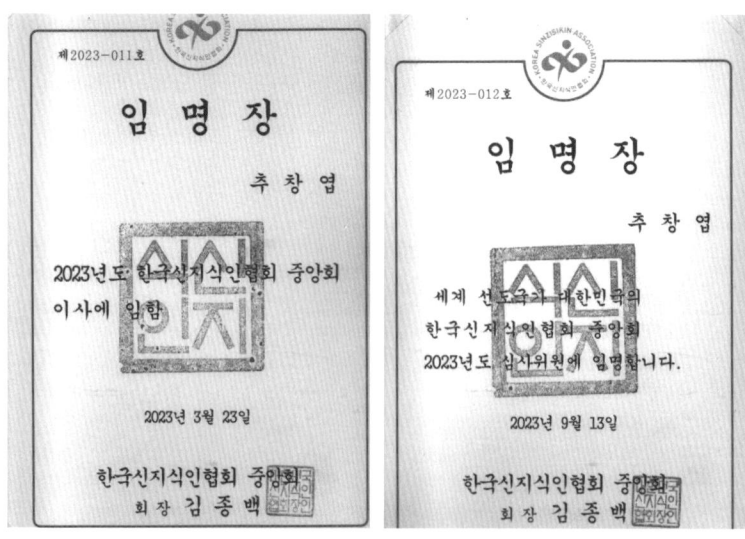

나의 노력에 대한 것을 국가와 사회가 인정해 주었고 나에게 큰 희망과 용기, 따뜻한 위로를 주었다. 장한어버이상을 5번이나 받았다.

2023.03.18. 장한어버이상 수상
스페이스골드 월드페스티벌 조직위원회

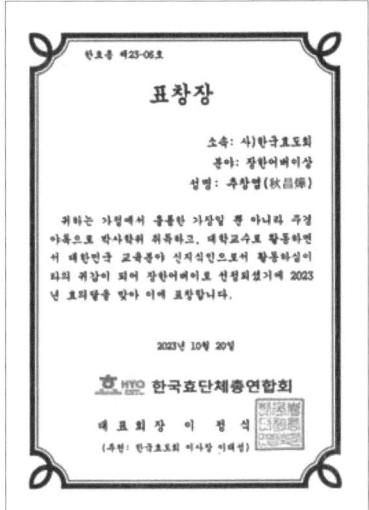
2023.10.20. 장한어버이상 수상
한국효단체총연합회

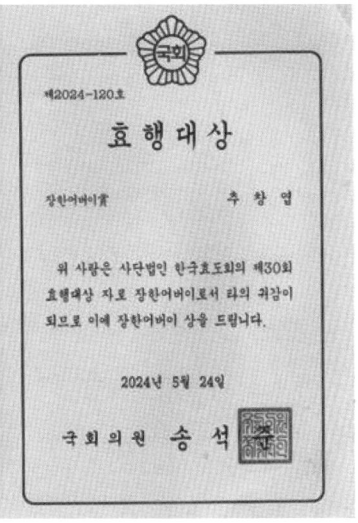
2024.05.24. 장한어버이상 수상
국회의원 송석준

2024.11.07. 장한어버이상 수상
보건복지부장관

2025.05.14. 대한민국 효행대상 장한어버이상 수상
사단법인 한국효도회

7. 언론에서도 나를 홍보해 주었다

2020.12.16. 한국언론연합회

2020.10. 스포츠서울

2022.09. 뉴스메이커   2023.05. 스포츠조선

8. 나눔과 섬김의 실천자가 부자가 될 수 있다

나는 성장 발달이 늦어 초등학교를 10세에 들어갔다. 하지만 공부도 잘했고 모범학생으로 학창 시절을 보냈다. 비록 가난으로 인해 초등학교 5학년을 마치고 자퇴하는 불운이 찾아왔지만, 부모님을 원망하지 않고 자신의 길을 걸어왔기에 오늘 내가 있다고 생각한다. 고향 친구들이 학교에 다니는 모습을 보면서 나의 가슴 깊숙한 곳에서는 나중에 부자가 되어서 나처럼 학업을 포기하는 사람에게 꿈과 희망을 주는 사람이 되겠다고 다짐을 했다.

그 이듬해 6학년으로 다시 학교에 가는 행운이 찾아왔다. 6학년 1반나에게 은혜를 베풀어 준 친구 두 명이 있었다. 이문희, 변환 두 친구가 보충수업을 한 자료(시험지)를 주면서 공부 열심히 해서 중학교에 함께 가자고 했다. 나눔과 섬김에 대한 아름다운 마음을 갖게 해준 잊을 수 없는 친구들이다. 그 친구들의 도움으로 중학교 시험에 합격하여 교복을 입을 수 있었다. 중학교에 입학하여 공부도 잘하여 장학생이 되었고 전교 학생회장(선출)이 되었지만, 고등학교에 진학을 못 하는 불운이 또 나에게 찾아왔다. 중학교 다닐 때 담임 선생님께서 나에게 학용품을 많이 선물해 주셨는데 그 선물을 동네 후배들에게 다 나누어 주었다. 그것이 나의 첫 나눔이었다. 전교 학생회장이 되고 전교 학생 모두에게 사탕을 구입하여 하나씩 다 나누어 주었다. 그 날의 기억을 영원히 잊을 수가 없다.

고등학교에 진학도 못 하고 농사꾼이 되었지만 부모님을 원망하지 않았다. 농사일을 하면서도 배움에 대한 도전과 열정은 버릴 수가 없었다. 그 이듬해 농업고등학교에 입학했는데 나의 삶에 큰 변화를 가져왔다. 아내를 만났기 때문이다. 고등학교 졸업도 못 하고 군에 입대하여 34개월의 군 복무를 무사히 마치고 전역한 후, 공무원 시험에 합격하여 월급쟁이가 되었다.

처음으로 집주인이 되었을 때 아내의 고등학교 친구를 모시고 살았으며 처제와 여동생도 함께 살았던 것이 서울 생활에서 가장 큰 나눔이었다. 우리 집에 세를 살고 있는 사람들에게 추석, 설날이면 선물을 했다. 나는 13번이나 이사를 하면서 집주인으로부터 선물을 받아본 적이 없다. 우리 집에 살고 있는 세입자들은 10년 넘게 살고 있다. 그리고 다른 곳으로 이사할 때는 다 집을 구입하여 나갔다.

내가 한 직장에서 47년간 근무할 수 있었던 원동력은 나눔과 섬김에 있다고 말하고 싶다. 지위가 높은 사람은 아니지만 항상 솔선수범하려고 노력했다. 그리고 배우고자 하는 사람이 있다면 물심양면으로 도움을 주었으며 바르게 사는 사람에게는 추천하여 표창을 주어 삶에 대한 보람을 갖게 했다. 배움에 대한 열정과 정열, 그리고 도전이 나를 성숙하게 만들었기에 배우고자 하는 사람에게 배움의 길을 안내하여 박사학위를 받아서 교수가 되기도 했다.

나는 부자이다. 서울에서 집 걱정하지 않고 살고 있으며 현재도 일할 곳이 있어서 부자이다. 자녀들도 정년이 보장되는 직장에서 자신의 꿈을 펼치고 있으며 부모님처럼 자신의 집이 있으니까 이사 갈 이유가 없으니 더 이상 바라는 것은 과욕이다. 내 나이 74세, 이 나이에도 나는 직접 돈을 벌어서 나눔과 섬김을 할 수 있으니 부자이다.

하위직 공무원으로 4명의 자녀를 낳고 훌륭하게 키웠다. 나는 대학원을 나와 박사학위를 받은 후 교수를 할 수 있었다. 이는 선한 마음으로 나눔과 섬김을 실천했기 때문이다. 현재도 국가기관에 제안서 평가위원 활동과 대학교 강의 등 활발한 경제 활동으로 수익 창출 및 나눔을 실천하고 있다.

저자소개

추창엽 CHU CHANG YEOP

학력
- 광운대학교 상담복지정책대학원 석사(사회복지) 졸업
- 캐나다 크리스천 대학교 신학대학원 박사(상담학) 졸업

경력
- 철도청/한국철도공사/한국철도운수협회/코레일네트웍스 47년간 재직
- 서울사회복지대학원대학교 교수
- 서울벤처대학원대학교 교수
- 진흥원격평생교육원 운영교수
- 해커스원격평생교육원 운영교수
- 위더스원격평생교육원 운영교수
- 한국시니어교육사협회 전문강사
- 대구경북인성효교육원 교수
- 보건복지부(인구와미래정책연구원) 인구전문강사
- 한국컨설턴트사관학교 교수
- KBS스포츠예술과학원 교수

- 한국안전인성교육원 교수
- 영등포구 신3동 주민자치위원회 부회장
- 영등포구 청소년지도협의회 자문위원장
- 영등포구 우리동네 톡파원
- 영등포구 신길3동 제2통장
- 영등포구 사회복지협의회 등기이사
- 대한민국 바른통일포럼 회장
- 한국신지식인협회중앙회 이사
- 대한민국지식파워포럼 이사
- 사단법인 한국효도회 통일총재 겸 상임회장
- 한국교통안전공단 철도기술 외부전문위원
- 인천도시공사 기술자문위원회 위원
- 파주시 교통약자 이동편의 증진위원회 위원
- 양구군 재해영향평가심의위원회 위원
- 한국부동산원 장애물 없는 생활환경 인증 심사위원
- 충청남도 교통위원회 위원
- 경산시 기술자문위원회 위원
- 부산항만공사 기술자문위원회 위원
- 인천지방해양수산청 기술자문위원회 위원
- 한국농어촌공사 장애물 없는 생활환경 인증 심사위원
- 철원군 건축위원회 위원
- 여수시 기술자문위원회 위원
- 서울특별시 강서구청 건축위원회 위원
- 새만금개발공사 평가위원회 위원
- 신안군 경관위원회 위원
- 포천도시공사 기술자문위원회 위원
- 경상북도개발공사 교통위원회 위원
- 서울교통공사 자문위원회 위원

자격

- 레크리에이션 1급
- 웃음치료사 1급
- 장애우복지지도사
- 노인복지레크리에이션 2급
- 가족상담사 2급
- 평생교육사 2급
- 치매케어전문가
- 캐어서회복지사
- 건강가정사
- 사회복지사 2급
- 요양보호사 1급
- 위험물안전관리자
- 장애인활동보조인
- 심리상담사 1급
- 시니어 교육사
- 라이프코칭전문가 1급
- 방과후 아동지도사
- 실버인지놀이지도사 2급
- 소방안전관리자
- 효지도사 2급
- 인성교육실천지도사 2급
- 인성개발지도사
- 시니어리더십교육사 1급
- 자기성향분석 상담사 2급
- 팜파티 2급
- 장례지도사
- 푸드아트심리상담사 2급
- 중독재활상담사 2급
- 장애인식개선지도사

- 안전교육지도사 1급
- 부부심리상담사 1급
- 브레인컨설턴트
- 아동심리상담사 1급
- 커뮤니티(마을공동체)지도사
- 반려동물관리사 1급
- 채용면접관 1급
- 마케팅기획전문가 1급
- 보행안전지도사 1급
- 학교폭력예방상담사 1급
- 칭찬박사 1급
- ESG 전문자격증
- 생활안전강사
- 웃음교육지도사 1급
- 만병통치운동지도사 1급
- 건강지도사 1급
- 노인돌봄생활지원사 1급
- 병원동행매니저 1급
- 사회안전지도사 1급

저서

- 성격적 강점인 성인의 행복감 증진에 미치는 영향에 관한 연구, 박사논문
- 노인 방문 요양보호서비스 수급자 만족도에 관한 연구, 학회지 발표, 석사논문
- 사회복지에서의 행복의 원리/요한복음을 중심으로, 한국상담복지실천학회
- 독거노인의 고독사 문제해결의 모색방안, 21세기사회복지학회
- 인생 2막 멘토들, 2020(공저)
- 100세 시대 평생교육 평생현역, 2023(공저)
- 평생현역을 위한 도전과 열정, 2023(공저)
- 멘토와 함께한 인생여정, 2024(공저)

언론기고

- 정년퇴직 후 인생 2막에서 행복을 일깨워 준 봉사 교수의 길로 이끌다, 선데이뉴스
- 실천 없는 사랑은 거짓에 불과하다, 뉴스메이커
- 희생 없는 사랑은 사랑이 아니다, 뉴스메이커
- 사랑의 실천이 황금연못을 만들다, 뉴스메이커
- 위대한 약속, 월간 한국인
- 아찔한 동거 그 남자의 금연, 실버전국영화제 출연, 최우수상 수상
- 엄마섭섭 해, 실버전국영화제 출연, 최우수상 수상
- KBS 1TV 황금연못 출연, 사랑합니다 당신의 세월

수상

- 철도업무 발전 유공, 대통령
- 교통안전 유공, 교통부장관
- 장한어버이상, 보건복지부장관
- 서울시 발전 업무 유공, 서울특별시장
- 지역주민 복지에 증진, 영등포구청장
- 철도업무 발전 유공, 철도청장
- 철도업무 발전 유공, 한국철도공사 사장
- 교육분야 유공, 국회교육위원장

9장 이성원

유치권 경매의 매력과 핵심 포인트

1. 들어가며

부동산 경매는 높은 수익을 안겨줄 수 있는 매력적인 투자 방법 중 하나입니다. 그중에서 유치권이 설정된 부동산 경매는 법적으로 고려할 사항이 있지만, 그만큼 경쟁이 적고 수익률이 높아질 가능성이 큽니다. 유치권이 설정되어 있는 물건에 대한 경매의 매력과 체크포인트를 살펴보고자 합니다.

2. 유치권의 이해

유치권이란 타인의 물건 또는 유가증권의 점유자가 그 물건이나 유가증권에 관한 채권의 전부를 변제받을 때까지 그 물건이나 유가증권을 유치해 둘 수 있는 법정담보물권입니다(민법 제320조).[1] 물권의 종류와 내용은 법률 또는 관습법으로 정하는 것에 한정하고, 물권을 임의로 창설할 수는 없습니다(민법 제185조).[2] 이를 '물권법정주의'라고 합니다. 따라서 유치권도 당사자의 계약으로 창설하거나 내용을 임의로 정할 수는 없습니다. 다만 당사자 사이에 유치권 발생을 배제하기로 하는 합의는

---

1 민법 제320조(유치권의 내용) ①타인의 물건 또는 유가증권을 점유한 자는 그 물건이나 유가증권에 관하여 생긴 채권이 변제기에 있는 경우에는 변제를 받을 때까지 그 물건 또는 유가증권을 유치할 권리가 있다.
2 민법 제185조(물권의 종류) 물권은 법률 또는 관습법에 의하는 외에는 임의로 창설하지 못한다.

유효합니다.

건설업자가 공사대금을 받지 못하였을 경우, '유치권 행사 중'이라는 내용의 현수막을 걸고 공사장 출입을 통제함으로써 유치권을 행사하는 것을 주위에서 쉽게 볼 수 있습니다. 유치권의 무서운 점은 단순한 항변이 아닌, 물권이라는 점입니다. 따라서 유치한 물건의 소유자가 바뀌어도, 즉 경매에서 낙찰을 받더라도 유치권자는 자신의 채권을 만족받기 전까지는 물권의 대세효(對世效)에 근거하여 물건을 점유할 수 있습니다. 경락을 받은 매수인도 유치권자에게 채권을 변제해 주기 전까지는 물건을 전혀 사용할 수 없으므로 유치권 행사 중인 부동산이 경매에 나오면 유찰이 계속되고, 가격이 폭락하는 것을 볼 수 있습니다.

이러한 점 때문에 경매물건에 유치권이 신고되어 있으면 선뜻 참여하기가 망설여지고 아예 고려대상에서 제외하기도 하나, 반대로 생각하여 유치권을 무너뜨릴 수만 있다면 위험하지만 매력적인 투자처이기도 합니다.

3. 유치권의 성립요건

유치권은 물권이고, 물권은 그 내용과 행사가 법정되어 있기 때문에 (물권법정주의), 법조문을 찬찬히 살펴보면 그 요건을 도출할 수 있습니다. 유치권의 성립요건은 ① 유치권의 대상이 되는 부동산의 점유, ② 채권과 목적물 간의 견련성, ③ 피담보채권의 변제기 도래, ④ 유치권 배제 특약의 부존재로 살펴볼 수 있습니다. 이러한 요건을 갖추지 못하면 유치권은 성립할 수 없습니다.

(1) 유치권자의 목적물 점유

유치권은 동산, 부동산, 유가증권 등을 목적물로 할 수 있지만, 경매에서 특히 문제가 되는 것은 부동산의 경우입니다. 유치권은 점유로 인해 발생하기에, 점유를 상실하면 유치권은 소멸합니다(민법 제328조).[3] 즉 점유는 유치권의 성립요건이자 존속요건입니다.

'점유'라고 함은 물건이 사회 통념상 그 사람의 사실적 지배에 속한다고 보이는 객관적 관계에 있는 것을 말하고 사실상의 지배가 있다고 하기 위해서는 반드시 물건을 물리적, 현실적으로 지배하는 것만을 의미하는 것이 아니고 물건과 사람과의 시간적, 공간적 관계와 본권관계, 타인 지배의 배제가능성 등을 고려하여 사회관념에 따라 합목적적으로 판단하여야 합니다(대법원 1996. 8. 23. 선고 95다8713 판결).

유치권의 점유는 직접점유뿐만 아니라 간접점유도 포함됩니다. 흔히 주위에서 현수막을 설치하거나, 공고문을 게시하고, 잠금장치를 해두는 경우 등을 볼 수 있습니다. 사실 공사장 주위에 펜스를 치고 출입문을 잠금장치로 시정해 두고, 외부에 현수막이나 공고문을 통해 유치권 행사

---

[3] 민법 제328조(점유상실과 유치권소멸) 유치권은 점유의 상실로 인하여 소멸한다.

중임을 알리는 행위는 전형적인 유치권 행사의 점유라고 할 수 있습니다. 용역업체와 계약을 체결하여 용역업체에서 상주하거나 경비 시스템을 이용하는 것도 점유의 한 형태라고 할 수 있습니다. 심지어는 임차인을 통하여 유치물을 간접점유할 수도 있고, 채무자와 공동으로 점유할 수도 있으나, 단 채무자를 직접점유자로 하여 유치권자가 간접점유하는 것은 허용되지 않습니다(대법원 2008. 4. 11. 선고 2007다27236 판결).

(2) 채권과 목적물 간의 견련성

유치권의 성립에는 물건과 채권과의 견련성(牽連性)이 필요합니다. 견련관계가 인정되지 않는 채권을 피담보채권으로 하는 유치권을 인정하는 것은 물권법정주의에 반하여 허용되지 않습니다. 견련성과 점유는 동시일 필요는 없습니다. 일반적으로 공사대금채권, 목적물에 부과된 세금은 견련성이 인정됩니다.

(3) 피담보채권의 변제기 도래

피담보채권의 변제기가 도래해야 합니다(민법 제320조 제1항). 따라서 아직 변제기에 이르지 아니한 채권에 기하여 유치권을 행사하는 것은 허용되지 않습니다(대법원 2007. 9. 21. 선고 2005다41740 판결).

(4) 유치권 배제특약의 부존재

대법원은 유치권 배제 특약은 유효하고, 특약에 따른 효력은 특약의 상대방뿐 아니라 그 밖의 사람도 주장할 수 있으며, 유치권 배제 특약에 조건을 붙일 수도 있다고 판시합니다(대법원 2018. 1. 24. 선고 2016다 234043 판결).

4. 경매절차에서의 유치권

(1) 유치권자에 의한 경매절차의 개시

유치권자도 채권의 변제를 받기 위하여 유치물에 대하여 경매를 신청할 수는 있습니다(민법 제322조 제1항).[4] 유치권에 기하여 경매를 신청하여 경매절차가 이루어지면 유치권은 소멸하지만, 경매를 통한 매각대금에서 우선변제를 받을 권리는 없습니다. 유치권자가 배당을 받으려면 당해 경매절차에 일반채권자로 참여하여 배당을 받을 뿐이고, 이 경우에도 당연히 일반채권자로 배당을 받을 수 있는 요건을 충족하여야 합니다.

유치권자가 경매를 신청하였으나 일반채권자로서 배당을 받지 못한

---

[4] 제322조(경매, 간이변제충당) ①유치권자는 채권의 변제를 받기 위하여 유치물을 경매할 수 있다.

경우에는 그 매각대금에 대하여 우선변제권자 등에 대한 배당 후 남는 금액이 있는 경우 이에 대하여 유치권의 효력이 미치므로 집행법원에 그 교부를 청구하고 그 금액에 대하여 유치권을 행사할 수 있습니다. 유치권에 의한 경매 신청은 일반적인 담보권 실행을 위한 부동산 경매 신청의 예에 따르는데 '유치권의 존재를 증명하는 서류'를 첨부하여야 합니다.

(2) 일반적인 강제경매 또는 담보권 실행을 위한 경매 개시

유치권에 근거하여 경매절차를 신청한 것이 아니라 일반적인 강제경매 또는 담보권 실행을 위한 경매가 진행된 경우에는 유치권은 등기 순위와 관계없이 말소되지 않습니다. 민사집행법이 제91조 제2항[5]에서 매각부동산 위의 모든 저당권은 매각으로 소멸한다고 규정하여 모든 저당권의 소멸을 원칙으로 하나, 제5항에서 매수인은 유치권자에게 그 유치권으로 담보하는 채권을 변제할 책임이 있다고 규정하여 유치권은 인수됨을 밝히고 있기 때문입니다. 따라서 우선변제권을 가지지는 않지만 매수인에게도 유치권을 주장하며 피담보채권의 변제가 있을 때까지 목적물을 계속 점유할 수 있게 되어 사실상 우선변제권을 가지게 되는 효과가 있습니다.

---

[5] 제91조(인수주의와 잉여주의의 선택 등)
② 매각부동산 위의 모든 저당권은 매각으로 소멸된다.
⑤ 매수인은 유치권자(留置權者)에게 그 유치권(留置權)으로 담보하는 채권을 변제할 책임이 있다.

이 경우 유치권을 주장하는 자는 유치권 신고를 하여야 할 의무도 없고, 법원 역시 유치권자에 대하여 경매절차상 채권 신고를 하도록 최고·통지를 하여야 할 대상도 아닙니다. 다만 유치권을 주장하는 자가 유치권 신고를 하게 되면 경매절차상의 이해관계인이 되기 때문에 진행과정에서 이의신청을 하거나 진행과 관련된 통지를 받을 수 있습니다. 그런데 이와 같은 유치권 신고가 있다고 하여 법원은 경매진행과정에서 실제 유치권이 존재하는지 여부 등을 확정할 권한이 없으므로, 이에 대해서는 유치권(부)존재확인의 소 등을 통하여 확정되게 됩니다.

유치권 신고가 있으면, 법원에 따라서는 '유치권 신고가 있으나 그 성립 여부는 불분명함'이라고 기재하는 경우도 있고, 신고 금액을 기재하는 경우도 있습니다.

5. 유치권의 부존재 다투기

부동산 유치권의 존부를 다투는 소송의 형태로는 명도소송과 유치권 부존재 확인의 소송을 생각할 수 있습니다. 실무상으로는 확인의 소보다는 명도소송이 대부분이라 할 수 있습니다. 집행력 없는 확인판결보다는 집행 가능한 명도판결이 분쟁해결에 더욱 유용한 수단이기 때문입니다. 특히 명도소송과 병행하여 청구되는 확인소송은 '확인의 이익'이 없어 허용되지 않습니다.

그렇지만 유치권부존재확인소송이 불가피한 경우도 있는데, 유치권이 행사되고 있는 부동산의 근저당권자가 제기하는 소송이 대표적입니다. 근저당권자는 소유권이 없어 명도소송을 제기할 수는 없지만 이해관계는 있기 때문입니다.

(1) 유치권부존재확인의 소와 확인의 이익

유치권부존재확인의 소는 확인의 소입니다. 확인의 소는 권리 또는 법률관계의 존부를 확인하기 위한 소송입니다. 확인의 소는 당사자 간의 법률적 불안을 해소하고, 그 불안을 제거하기 위해 확인판결을 받는 것이 가장 유효하고 적절한 수단일 때 제기할 수 있습니다. 따라서 확인의 소를 제기하기 위해서는 '확인의 이익'이 있어야 합니다. 유치권부존재확인의 소에 있어서 유치권의 존재 여부와 더불어 반드시 고려되어야 하는 요소가 확인의 이익이 있느냐 하는 점입니다.

확인의 소는 확인판결을 받는 것이 원고의 법적 지위에 대한 불안과 위험을 제거하는 데 가장 유효·적절한 수단인 경우에 인정되는바, 甲 소유의 점포를 乙 주식회사가 점유하고 있는 상황에서 甲이 점포 인도를 구하는 것(명도)과 별도로 乙 회사를 상대로 점포에 대한 유치권 부존재확인을 구하는 것은 확인의 이익이 없어 각하됩니다(대법원 2014. 4. 10. 선고 2010다84932 판결).

유치권부존재확인의 소에 있어서 소를 제기할 수 있는 자(원고)는 유치권을 주장하는 자에 의하여 자신의 법적 지위가 불이익을 받는 자입니다. 일반적으로 유치권의 대상이 되는 부동산의 소유자, 경매에서의 매수인이겠으나, 목적물에 대한 근저당권자도 원고가 될 수 있습니다(대법원 2020. 1. 16. 선고 2019다247385 판결).

유치권부존재확인의 소에 있어서 유치권이 존부만이 확인의 대상인지 아니면 유치권에 의하여 담보되는 채권의 범위까지 확인의 대상이 될 수 있는지에 대하여 대법원은 단순히 유치권의 존부 여부만이 아니고 그 범위에 대하여도 확인의 소를 제기할 수 있다고 판시하였습니다(대법원 2016. 3. 10. 선고 2013다99409 판결).

피담보채권의 금액만이 아니고 유치권의 대상인 목적물에 대하여도 소송을 통하여 그 범위를 확인할 수 있습니다. 유치권을 주장하는 자가 부동산 전부에 대하여 유치권을 신고하자 근저당권자가 부동산 전부에 대한 유치권 부존재 확인을 구하였으나 심리 결과 부동산의 특정한 일부에 대하여 유치권이 인정되는 경우에는, 대법원은 원고의 청구를 전부 기각하여서는 안 되고 유치권이 인정되지 않는 부동산 부분에 관하여는 원고의 청구를 인용합니다(대법원 2020. 10. 15. 선고 2017다204032 판결).

일반적으로 소송에서 입증책임은 그 사실을 주장하는 사람이 부담합니다. 예컨대 대여금 청구 소송에서는 원고가 돈을 빌려준 사실과 변제기일의 도래 등의 요건사실을 입증해야 합니다. 그러나 유치권부존재확인의 소는 소극적 확인소송이므로 유치권의 요건사실인 유치권의 목적물과 견련관계 있는 채권의 존재에 대해서는 피고가 주장·입증하여야 합니다.

(2) 각 법정요건의 검토

앞서 유치권은 ① 유치권의 대상이 되는 부동산의 점유, ② 채권과 목적물 간의 견련성, ③ 피담보채권의 변제기 도래, ④ 유치권 배제 특약의 부존재가 있어야 성립한다고 하였습니다. 따라서 이러한 요건을 갖추지 못하면 유치권은 성립할 수 없으므로 유치권 있는 물건의 경매에 입찰할 때 이를 꼼꼼히 살펴보는 것이 필요합니다.

1) 유치권의 대상이 되는 부동산의 점유

유치권의 성립요건이자 존속요건인 점유를 상실하면 유치권은 소멸합니다. 그러나 점유가 일시적으로 침탈된 경우라면 점유보호청구권에 따라 침탈된 점유를 회복하면 점유가 소멸되지 않은 것으로 간주되므로 유치권이 소멸하지 않습니다(민법 제192조 제2항 단서 참조).[6] 반면에 침탈당한 것이 아닌 아무 조건 없이 유치물을 명도해 주기로 약정하였다면 이는 유치권자가 유치권을 포기한 것이라 볼 수 있습니다(대법원 1980. 7. 22. 선고 80다1174 판결).

---

[6] 민법 제192조(점유권의 취득과 소멸) ②점유자가 물건에 대한 사실상의 지배를 상실한 때에는 점유권이 소멸한다. 그러나 제204조의 규정에 의하여 점유를 회수한 때에는 그러하지 아니하다.
제204조(점유의 회수) ①점유자가 점유의 침탈을 당한 때에는 그 물건의 반환 및 손해의 배상을 청구할 수 있다.

그런데 유치권을 행사하는 입장에서는 유치권의 성립 및 존속요건으로서의 점유를 하려면 공사현장에 24시간 상주해야 하는지, 일과시간에만 점유해도 되는지, 잠금장치를 해두고 가끔 오는 정도로 유치권 행사에 충분한 점유인지 의문일 수 있습니다.

정문 등에 유치권자가 공장을 유치·점유한다는 안내문을 게시하고 경비용역 회사와 경비용역 계약을 체결하여 용역경비원으로 하여금 주야 교대로 2인씩 그 공장에 대한 경비·수호를 하도록 하는 한편, 공장의 건물 등에 자물쇠를 채우고 공장 출입구 정면에 대형 컨테이너로 가로막아 차량은 물론 사람들의 공장 출입을 통제하기 시작하고 그 공장이 경락된 다음에도 유치권자의 직원 10여 명을 보내 그 공장 주변을 경비·수호하게 하고 있었다면, 유치권자가 점유하고 있다고 보아야 하고(대법원 1996. 8. 23. 선고 95다8713 판결), 출입문에 유치권 행사 경고문을 붙여놓으면서 정식출입구 2개 모두를 자물쇠로 시정해 놓고 빌딩 9층에 상근하는 직원들로 하여금 수시로 근무시간에 상가부분에 출입하면서 이를 관리하게 한 경우도 유치권 점유로 인정받을 수 있습니다(대법원 1993. 4. 23. 선고 93다289 판결).

그러나 유치권자의 직원들이 가끔씩 건물에 들러 지하 1층에 있는 총무과 사무실의 책상을 사용하고 건물에 상주하거나 건물 관리를 하지 않았으며, 경매기입등기 후 10개월 가까이 지난 시점에 비로소 1층 사무실을 점유하고 열쇠를 받아 건물출입을 통제해 오는 등의 행위를 한 경우는 유치권자로서의 점유를 인정하기에 부족합니다(서울고법 2008. 6. 25. 선고 2008나42036 판결).

위 판례들을 참조하면 단순히 현수막을 설치하고 경비인원도 상주하지 않은 상태에서 외부인의 출입이 용이하다면 유효한 점유로 볼 수 없습니다. 이러한 점은 현장조사를 통해서 확인해야 할 것입니다.

실무에서 흔히 문제가 되는 경우는 경매개시결정의 기입등기가 이루어진 이후에 점유가 개시된 경우입니다. 이러한 점유는 경매개시결정이 가지는 압류의 처분금지효에 저촉되는 것이기 때문에 점유자로서는 유치권을 내세워 그 부동산에 관한 경매절차의 매수인에게 대항할 수 없습니다(대법원 2005. 8. 19. 선고 2005다22688 판결 참조). 따라서 경매절차에서 작성된 매각물건명세서, 현황조사서나 감정평가서에 유치권이 표시되지 않았다면 유치권이 성립될 가능성이 낮으므로, 위와 같은 기록이나 탐문조사를 통해 점유가 언제 개시되었는지를 확인해 볼 필요가 있습니다.

이러한 점유는 불법행위에 의하여 개시된 점유가 아니어야 하는데(민법 제320조 제2항 참조)[7], 어떠한 물건을 점유하는 자는 소유의 의사로 선의 평온 및 공연하게 점유한 것으로 추정될 뿐만 아니라 점유자가 점유물에 대하여 행사하는 권리는 적법하게 보유하는 것으로 추정되므로 그 점유가 불법행위에 의하여 개시된 점유라는 점은 유치권을 부정하는 자가 입증해야 합니다(대법원 1966. 6. 7 선고 66다600 참조).

---

[7] 민법 제320조(유치권의 내용) ②전항의 규정은 그 점유가 불법행위로 인한 경우에 적용하지 아니한다.

2) 채권과 목적물 간의 견련성

물건과 채권과의 견련성이 부인됨으로써 유치권이 인정되지 않는 사례도 잘 살펴보아야 합니다.

예를 들어, 건물의 신축공사를 위한 사전 공사(건물부지 지상의 건축물·구축물 철거, 폐기물 처리, 건축 예정지 정지작업, 임시주차장·진출입도 개설 박스 신축공사 등)은 신축 이후의 건물과 견련성이 없으므로 유치권이 부인됩니다(서울고등법원 2008. 4. 4. 선고 2007나77370 판결).

건물의 옥탑, 외벽 등에 설치된 간판의 경우도 일반적으로 건물 일부가 아니라 독립된 물건으로 남아있으면서 과다한 비용을 들이지 않고 건물로부터 분리할 수 있어 간판설치공사 대금채권은 건물 자체에 관하여 생긴 채권이라고 할 수 없기 때문에 건물에 대해 유치권을 행사할 수 없습니다(대법원 2011다44788 판결).

건물의 신축공사를 도급받은 수급인이 사회 통념상 독립한 건물이라고 볼 수 없는 정착물을 토지에 설치한 상태에서 공사가 중단된 경우에 위 정착물은 토지의 부합물에 불과하여 이러한 정착물에 대하여 유치권을 행사할 수 없는 것이고, 또한 공사 중단 시까지 발생한 공사금 채권은 토지에 관하여 생긴 것이 아니므로 위 공사금 채권에 기하여 토지에 대하여 유치권을 행사할 수도 없습니다(대법원 2008. 5. 30. 2007마98 결정).

지상 건물을 철거하고 신축하기 위해 철거공사를 한 시공업자가 철거 이후 토지를 점유, 유치권을 주장한 사안에도 판례는 건물 철거공사와 관련한 공사대금채권은 토지 자체에 관하여 생긴 것이 아니기 때문에 토지에 대해 유치권을 행사할 수 없다고 판단하였습니다(대법원 2020도3170 판결).

3) 피담보채권의 변제기 도래

앞서 설명한 경매개시결정의 기입등기가 이루어진 이후에 유치권자의 점유가 개시된 경우, 유치권자는 그 부동산에 관한 경매절차의 매수인에게 대항할 수 없다는 점과 채권의 변제기 도래와의 관계를 살펴보면, ① 공사대금채권의 변제기가 먼저 도래한 뒤, 경매개시결정 기입등기가 이루어지고, 점유가 개시되었다면, 유치권은 성립하지만 매수인에게 대항할 수 없습니다. ② 공사업자가 먼저 점유를 한 상태에서 경매개시결정 기입등기가 이루어지고, 공사대금채권의 변제기가 후에 도래하더라도 마찬가지로 유치권은 성립하지만 매수인에게 대항할 수 없습니다.

피담보채권이 부존재하면 변제기를 살펴볼 필요도 없이 유치권은 성립하지 않습니다. 담보물권은 피담보채권의 존재를 선행조건으로 하여 그 권리와 운명을 같이하기 때문입니다(부종성). 특히 주의하여 살펴볼 필요가 있는 것은 소멸시효입니다. 일반적인 채권의 소멸시효는 10년인 반면에, 공사대금채권은 3년의 단기소멸시효의 적용을 받기 때문입니다(민법 제163조 제3호).

4) 유치권 배제 특약의 부존재

당사자 간에 유치권의 발생을 배제하는 특약이 있으면 그 특약은 유효

합니다. 실무에서 특히 문제가 되는 것은 임차인의 필요비 또는 유익비 상환청구권과 유치권의 관계입니다.

가끔 임대인이나 전세권설정자가 임차보증금이나 전세권보증금을 반환하지 않는다는 이유로 해당 목적물에 대해 임차인이나 전세권자가 유치권을 주장하는 경우가 있으나, 임차보증금반환채권 및 전세보증금반환채권을 원인으로 한 유치권은 인정되지 않습니다. 임차보증금반환청구권이나 임대인이 건물시설을 아니하기 때문에 임차인에게 건물을 임차목적대로 사용 못 한 것을 이유로 하는 손해배상청구권은 모두 민법 320조의 그 건물에 관하여 생긴 채권이 아니기 때문입니다(대법원 1976. 5. 11. 선고 75다1305 판결).

반면에 필요비나 유익비 상환청구권에 대해서는 견련성이 있기 때문에 유치권이 성립할 수 있으나, 건물의 임차인이 임대차관계 종료 시에는 건물을 원상으로 복구하여 임대인에게 명도하기로 약정한 것은 건물에 지출한 각종 유익비 또는 필요비의 상환청구권을 미리 포기하기로 한 취지의 특약으로 볼 수 있기 때문에 임차인은 유치권을 주장할 수 없습니다(대법원 1975. 4. 22. 선고 73다2010 판결).

6. 허위유치권자에 대한 형사처벌

(1) 사기

 허위유치권자의 행위가 사기[8]를 구성하는지 살펴보면, 판례는 경우를 구분하여 판단하고 있습니다.

 우선 유치권에 의한 경매를 신청한 유치권자는 일반채권자와 마찬가지로 피담보채권액에 기초하여 배당을 받게 되는 결과 피담보채권인 공사대금채권을 실제와 달리 허위로 크게 부풀려 유치권에 의한 경매를 신청할 경우 정당한 채권액에 의하여 경매를 신청한 경우보다 더 많은 배당금을 받을 수도 있으므로, 이는 법원을 기망하여 배당이라는 법원의 처분행위에 의하여 재산상 이익을 취득하려는 행위로서, 소송사기죄[9]의 실행의 착수에 해당하는 것으로 보고 있습니다(대법원 2012. 11. 15. 선고 2012도9603 판결).

 반면에, 허위 공사대금채권을 근거로 유치권 신고를 하였더라도 이를 소송사기 실행의 착수가 있다고는 보지 않습니다(대법원 2009. 9. 24. 선고 2009도5900 판결 참조). 소송사기에 있어서 피기망자인 법원의 재판은 피해자의 처분행위에 갈음하는 내용과 효력이 있어야 하는데, 유치

---

[8] 형법 제347조 (사기) ①사람을 기망하여 재물의 교부를 받거나 재산상의 이익을 취득한 자는 10년 이하의 징역 또는 2천만 원 이하의 벌금에 처한다.
[9] 형법상 소송사기죄라는 죄명이 존재하는 것은 아니고 사기죄의 한 유형으로 강학상, 판례상 개념입니다.

권자가 경매절차에서 유치권을 신고하는 경우 법원은 이를 매각물건명세서에 기재하고 그 내용을 매각기일공고에 적시하나, 이는 경매목적물에 대하여 유치권 신고가 있음을 입찰예정자들에게 고지하는 것에 불과할 뿐 처분행위로 볼 수는 없고, 또한 유치권자는 권리 신고 후 이해관계인으로서 경매절차에서 이의신청권 등 몇 가지 권리를 얻게 되지만 이는 법률의 규정에 따른 것으로서 재물 또는 재산상 이득을 취득하는 것으로 볼 수는 없기 때문입니다.

(2) 경매방해

허위의 유치권을 신고한 것에 대하여 소송사기가 성립하지 않더라도, 허위의 공사대금채권으로 부동산 경매신청과정에 유치권 신고한 자에게 형법 제315조의 경매방해죄[18]를 인정한 판례가 있고(대법원 2008. 2. 1.선고 2007도6062), 실제 채권을 부풀려 유치권 신고한 자에게 경매방해죄의 유죄를 인정한 사례도 있습니다(대구지방법원 2011. 6. 8. 선고 2011노109).

---

[18] 형법 제315조(경매, 입찰의 방해) 위계 또는 위력 기타 방법으로 경매 또는 입찰의 공정을 해한 자는 2년 이하의 징역 또는 700만 원 이하의 벌금에 처한다.

(3) 재물손괴

　유치권자가 행사하는 점유가 침탈된 경우, 민법 209조[11]에서 정하는 자력구제권을 활용하여 침탈 즉시 가해자를 배제하는 방법으로 물건을 탈환하거나, 아니면 민법 204조[12]에서 정하는 침탈된 물건의 반환을 구하는 점유회수청구를 소송으로 구하는 등 다른 방법이 있음에도 불구하고, 공사대금을 받지 못해 유치권을 주장하는 건설회사가 유치하는 아파트에 아파트 소유자가 임의로 아파트를 점유해 버리자 이에 대항하는 방법으로 건설회사의 직원이 아파트출입현관문을 용접하는 행위를 한 것에 대하여 대법원은 재물손괴죄[13]를 인정하였습니다(대법원 2011. 1. 13. 선고 2010도5989).

　반면에, 유치권 행사 중이라고 적힌 현수막을 제거한 행위는 재물손괴죄의 구성요건에 해당하나 형법 제20조[14]의 정당행위에 해당하여 재물손괴죄에 해당하지 않는다고 판시한 사례가 있습니다(대법원 2018. 9. 13. 선고 2017도 3461 판결).

11　민법 제209조(자력구제) ① 점유자는 그 점유를 부정히 침탈 또는 방해하는 행위에 대하여 자력으로써 이를 방위할 수 있다.
　② 점유물이 침탈되었을 경우에 부동산일 때에는 점유자는 침탈후 직시 가해자를 배제하여 이를 탈환할 수 있고 동산일 때에는 점유자는 현장에서 또는 추적하여 가해자로부터 이를 탈환할 수 있다.
12　민법 제204조(점유의 회수) ① 점유자가 점유의 침탈을 당한 때에는 그 물건의 반환 및 손해의 배상을 청구할 수 있다.
　② 전항의 청구권은 침탈자의 특별승계인에 대하여는 행사하지 못한다. 그러나 승계인이 악의인 때에는 그러하지 아니하다.
　③ 제1항의 청구권은 침탈을 당한 날로부터 1년 내에 행사하여야 한다.
13　형법 제366조(재물손괴등) 타인의 재물, 문서 또는 전자기록등 특수매체기록을 손괴 또는 은닉 기타 방법으로 효용을 해한 자는 3년이하의 징역 또는 700만 원 이하의 벌금에 처한다.
14　제20조 (정당행위)법령에 의한 행위 또는 업무로 인한 행위 기타 사회상규에 위배되지 아니하는 행위는 벌하지 아니한다.

(4) 업무방해

유치권자가 일부 출입문들을 쇠사슬로 채워 피해자가 보낸 작업 인부들이 출입하지 못하게 함으로써 위력으로 소유자의 내장공사나 하자보수공사를 방해한 경우 업무방해[15]를 인정했고(대법원 2004. 8. 30. 선고 2004도46 판결), 유치권자가 스스로 공사 현장에서 철수해 점유를 상실한 이상 유치권은 소멸한 것이고, 이후 다시 임의로 공사현장을 점거해 유치권을 주장하는 행위는 업무방해죄를 구성한다고 판단하였습니다(의정부지방법원 2016. 3. 29. 선고 2015노2965 판결).

(5) 주거침입

건물에 관한 채권을 가지고 있었다고 하더라도 유치권을 취득하기 위하여 정당한 법적 절차가 아닌 불법적인 방법으로 건물을 점거하는 것까지 허용될 수는 없으므로 주거침입[16]을 인정하고 있습니다(대법원 2007. 4. 12. 선고 2007도654 판결).

---

15 형법 제314조 (업무방해) ①제313조의 방법 또는 위력으로써 사람의 업무를 방해한 자는 5년 이하의 징역 또는 1천500만 원 이하의 벌금에 처한다
16 제319조(주거침입, 퇴거불응) ①사람의 주거, 관리하는 건조물, 선박이나 항공기 또는 점유하는 방실에 침입한 자는 3년 이하의 징역 또는 500만원 이하의 벌금에 처한다.

7. 맺음말

　권리 분석이 쉬운 물건은 경쟁이 높아 낙찰받기도 쉽지 않고, 투자 수익률도 그다지 높지 않습니다. 그렇지만 특수경매물건, 특히 유치권이 설정된 경매물건은 법적 위험 요소가 존재하지만, 이러한 위험을 충분히 이해하고 관리할 수 있다면 높은 수익을 기대할 수 있는 투자처로 활용될 수 있습니다. 따라서 투자자들은 유치권의 법적 요건과 관련 사례를 철저히 분석하여 유치권에 대한 두려움을 접고 차분한 분석과 철저한 조사가 뒷받침된다면 도전해 볼 만한 투자처임을 항상 마음에 두면 좋겠습니다.

참고문헌

- 강은현, 《경매야 놀자》, 서원북스, 2015.
- 강은현, 《특수 경매야 놀자》, 서원북스, 2017.
- 양형우, 《판례민법강의》, 정독, 2025.
- 국순화·김종진, 〈허위·과장 유치권행사에 대한 매수인 보호방안에 관한 연구〉, 《주거환경》, vol.17, no.2, 2019.
- 이종구, 〈부동산 경매에서 허위·과장 유치권의 현황과 과제〉, 《부동산경매연구》, vol.1, no.1, 2020.
- 최동홍·유선종, 〈부동산경매에서 유치권신고의 의무화〉, 《법조》, vol.59, no.4, 2010.
- 문병관, 〈부동산 경매절차에서 유치권 신고의 문제점과 개선방안 : 허위 ☒ 과장 유치권을 중심으로〉, 청주대학교 대학원, 법학과, 박사학위논문, 2020.

저자소개

이성원 LEE SUNG WON

학력
- 영남대학교 법학전문대학교 법학전문석사
- American University LL.M.
- 서울대학교 법과대학 법학사
- 경신고등학교

경력
- 현) 영남대학교 법학전문대학원 교수
- 현) 한국중재학회 부회장
- 현) 무역상무학회 부회장
- 전) 현담법률사무소 대표변호사

자격
- 변호사(대한민국, 미국 뉴욕주)

저서 및 논문

- 〈종합부동산세의 지방세 전환에 대한 고찰〉, 일감부동산법학, 2015, Vol.10.
- 〈국제물품매매계약에 대한 UN협약상 위험이전에 대한 유형별 연구〉, 法學硏究, 2022, Vol.33 No.2.
- 〈사자 명예훼손에 대한 법적 구제수단 연구 - 민사적 구제수단을 중심으로-〉, 동북아법연구, 2022, Vol.16 No.1.
- 〈국제이혼사건에서 대한민국 법원의 국제재판관할 결정 - 대법원 2021. 2. 4. 선고 2017므12552 판결-〉, 영남법학, 2022, No.54.
- 〈사자 모욕에 대한 법적 구제수단 연구 - 민사적 구제수단을 중심으로-〉, 서울법학, 2023, Vol.30 No.4
- 〈Gaps in the Law and the Defense of Simultaneous Performance in the CISG〉, 중재연구, 2024, Vol.34 No.3

재테크
실전 노하우

초판 1쇄 발행 2025년 08월 06일

지은이 김영기, 이광원, 송영갑, 오승택, 전현주, 김은영, 이신화, 추창엽, 이성원
펴낸이 김영기

제작 도서출판 렛츠북

펴낸곳 브레인플랫폼(주)
주소 서울특별시 서초구 법원로3길 19, 2층 (서초동)
등록 2019년 01월 15일 제2019-000020호
이메일 iprcom@naver.com

ISBN 979-11-91436-38-9 13320

* 이 책은 저작권법에 따라 보호를 받는 저작물이므로 무단전재 및 복제를 금지하며, 이 책 내용의 전부 및 일부를 이용하려면 반드시 저작권자와 브레인플랫폼(주)의 서면동의를 받아야 합니다.

* 잘못된 책은 구입하신 서점에서 바꾸어 드립니다.